輝いて！

犬塚清和

笑顔のひろがる授業・教室

いつまでも笑顔の教師でいるために

仮説社

はじめに

　教師としてたのしく生きたい……これがボクの第一原則です。そしてこの本は，その原則にしたがって，小学校・中学校でボクが選びとってきた授業（1章），学級経営（2章），子どもたちとのつき合い方（3・4章）についてまとめたものです。現在の「学校の常識」とはずいぶん違ったことが書いてあると思いますが，「たのしく生きたい」と思っている人，また，「それがうまくいかなくて」とあせったり悩んだりしている，特に若い人たちに読んでもらいたいと思っています。

　ところで，「たのしく」といっても，それは「教師として」ですから，〈子どもたちの支持〉なしにはこの原則は成立しません。そのための具体的な手立てを持つことが決定的です。その手立てが，ボクの場合は仮説実験授業でした。

　ボクは仮説実験授業をすることによって，「たのしい授業（子どもたちに〈たのしい！〉と言ってもらえる授業）が自分にもできる」という発見をしました。そして，その発見によってボクは，「教師でありつづけること」に大きな自信をもつことができるようになったのです。（「序章」を見てください）

　教師の仕事は授業だけではありません。たのしい授業を保証してくれる「授業書」のある世界は，教師の仕事の中では時間的にはわずかかもしれません。でも，〈授業〉で手にした自信によって，ボクは学校の中で，それまでよりずっと自由に自分を出すことができるようになりました。「管理をたのしさで解きはなす」というのでしょうか。

そうした人間の心の動きというのは,子どもたちだって同じです。管理をたのしさで解きはなせば,子どもたちは自分の力で輝いてしまうものです。そして「教師の目的は子どもたちに輝いてもらうことだ」と,ボクは信じています。「たのしい授業をする」ということは教育の手段として大事なのではなく,教師にとっても子どもにとっても,教育活動そのものの目的だと思うのです。

　「私は,1年生の頃は理科が好きじゃなかった。でも,昨年や今年になり,好きになりました。これは犬塚先生のおかげだと思う。犬塚先生の授業は,他の先生と比べて動きがあり,やさしさがあり,わかりやすさがある。さすがだなあと思いました。特におもしろかったのは〈力と運動〉のところでした。実験をするたびに笑えました。私は,授業の中でも理科が一番好きでした。先生はおもしろいし,わかりやすいし,しゃべりやすいし,私は先生みたいな人になりたい！」（中学3年,宮地　薫）

　こういう感想文をもらうと,「うん,オレの道は間違ってなかった」と,うれしくなります。

　さて,「たのしい授業をすることが目的」などと言いながら,この本ではどちらかと言うと「授業以外」のことにたくさんページを割いています。仮説実験授業というのは,その気があれば誰でも簡単にできるものだからです。

　なお,巻末には「犬塚さんの功績」と題する板倉聖宣さんの講演記録を載せさせてもらいました。「あつかましいよな」と思いながらも,うれしく思っています。

2003年3月　　犬塚清和

輝いて！ 笑顔のひろがる授業・教室

も　く　じ

　　　　　　　　　　　　　　　　　はじめに　3
　　　　　　　　　　　　　　序章のためのミニガイド　8

序　章　「子どもを守れる教師」になりたくて　9
　　　　――『教師6年プラス1年』はボクの原点

学級通信「3の4へのラブレター」… 38
　　犬塚さんの自立と〈子どもを守る〉思想　（堀江晴美）… 40

　　　　　　　　　　　　　　　第1章のためのミニガイド　42

第1章　「たのしい授業」の実際　43

「たのしい授業」より「少しでもマシな授業」を　……………… 44
　　――授業の評価は子どもがきめる

楽しい授業の構造 そして, 長い追記 ………………………………… 49
　　――《磁石》の授業を通してよみがえったボク

管理を「楽しさ」で解きはなす　………………………………………… 74
　　――仮説実験授業と子どもと教師：《ふりこと振動》の授業

《力と運動》のひととき　………………………………………… 88
　　――授業通信と授業案と

　　　　　　　　第2章のためのミニガイド　100

第2章　〈子ども派〉の学級経営　101

「学級以前」のこと……………………………………… 102
　　——「イヤな先生」にはなりたくない

ボクの学級経営案 ……………………………………… 113
　　——いつも笑顔で元気です
　小学校3クラス，中学校3クラスの「学級経営案」抄。

「大河内清輝君の死」から学んだこと …………………… 124
　　——「イジメの街・西尾」からの便り

　　　　　　　　第3章のためのミニガイド　132

第3章　語りかけることば　133
　　——中学校のガキ大将として

　1年から卒業にいたるまでの中学生とのつきあい。彼らにむけて折りにふれて心の内を語りかける「学級通信」。ガキ大将にふさわしいチエと度胸と思いやりに満ちたことば。
　輝いて！／シンプルに生きる／なんでもないようなことが／春夏秋冬／だから，ほのぼのと生きていたい／自主・自治について／「受験」のためにこの1年があるんじゃない／授業の受け方の技術／二つの世界／甘いですか？／自己責任の時代／うわさにゆれ動かず
　「ありがとう」の気持ちをこめて　157
　「本当の自分」との対面　161

第4章のためのミニガイド　166

第4章　安心できる居場所を　167
　　　——理科準備室の日々

「理科準備室」の子どもたち …………………………… 168
　　——「止まり木」の少ない学校の中で

「理科準」の日々 …………………………………………… 177
　　——子どもたちに「安心できる居場所」を
　　中学生時代をふりかえって（磯貝良方）　177
　　今よりちょっとよくなれば——磯貝良方君のことなど　186
　　元気をくれる人（永田浩子）…191

ボクの動き方の原則 ……………………………………… 193
　　——暗い夜道なら懐中電灯をもて／暗い教育現場なら仮説実験授業を
　　〔付録〕ちょっと社会的な実験　204

学級なんて崩壊してもかまわない ……………………… 207
　　——「学級」より「授業」が大切

犬塚さんの功績　（板倉聖宣）…214

　　　　　　あとがき　223
　　　　　　犬塚清和年譜　226

そうてい：街屋／平野孝典　　カット：松浦素子
写真提供：大黒美和・松崎一崇・堀江晴美
授業書転載承認0030123 仮説実験授業研究会

●序章のためのミニガイド●

　ボクは一度（1971年に）教師を辞めたことがあります。
　そのころ書いた文章は『教師6年プラス1年』（仮説社，1972年）に入れてもらったのですが，そのご千葉の堀江晴美さん（中学校，社会科）から，「やめた前後のこと──『教師6年プラス1年』前後のことをもっとくわしく聞きたい」と言われていました。
　たしかに，「ボクの教育（行動）原理」の基礎は，そのころ確立したように思います。そこでボクは，1998年8月9日に堀江さんが企画した会で，「教師になったころ」から6年後に教師を辞めたいきさつ，そして1年間の「浪人」生活，現場にもどってからの出来事などについて，まとめて話させてもらいました。考えてみると，その内容は，今回のこの本の総論といってもいいようなものです。そこで，その話をまず最初に読んでいただくことにしました。
　なお，堀江さんは記録をみごとにまとめてくれただけでなく，「解説」（40〜41ページ）まで書いてくれました。本文の原稿にはボクも少し手を加えましたが，基本的には堀江さんが記録・編集してくれたものです。もしかすると，「解説」を先に読んでいただくといいのかもしれません。

序　章

「子どもを守れる教師」に
なりたくて

「子どもを守れる教師」に なりたくて

―― 『教師6年プラス1年』はボクの原点

●農家の跡取り息子，親のすすめで教師に

ボクが〈なぜ教師になったのか〉というと，一番の理由は親が「教師になれ」といっていたからです。

ボクは長男で男は1人ですから，「家から出ていってもらっては困る」というのがありました。「何をしてもいいけれども，家からは出ていってほしくない。それには教師が一番だ。先生になれ」と，ずっとおふくろにいわれてきました。学力も，ちょうど教師になれるくらいでした（笑）。もう少しできたら違うことをしていたでしょうし，もう少しできなかったら，教師にはなれなかったでしょう。

大学は，愛知学芸大学（現・愛知教育大学）の「中学校理科」に入りました。家から大学に通って，教員採用試験を受けて地元に就職して，そういう点では親孝行な息子です。今でも「うちの息子は家にいてくれてうれしいな」と，そう思ってくれている。まあ，人間っていろいろ期待もするものですから，「もう少しちゃんとしてくれるといいな」と思っているかもしれま

せん。
　大学に入ってからは,「中学校の教師になりたいな」と考えるようになっていました。「子どもたちと汗を流して部活をやる」というのが憧れだったんです。

●**教育実習での悲惨な経験**
　「教育実習」は，大学２年の時に付属中学校で，また３年のときには付属小学校でやりました。その付属中学校でのことですが，今でも忘れられないことがありました。たぶん，その時のことが，仮説実験授業にのめりこむ，ボクの原点になっていると思います。
　「研究授業」という，指導教官にみてもらう授業があったんです。当時の理科の授業は２時間続きで行われていたんで，ボクもいろいろ質問を考えて，２時間続きの「生物」の指導案を作りました。それを見ながら授業を進めたんですが，２時間どころか40分で終わっちゃった（笑）。
　中学生たちとなごやかな会話をしながら進めるはずだったんだけど，実際には彼らは何にもいってくれないので，「それじゃ，次」といくわけです。それでも発言がないから「次」「次」「次」といって，２時間のはずが40分で終わっちゃった（笑）。見ていた指導教官があせりまして，「あんた，後ろで見ておりな」といって，指導教官がまた同じことをやった（爆笑）。あれはショックでしたね。指導教官がやっていくのを後ろの方で見ているのは，まったくミジメでした。
　それ以上に忘れられないのが，その日の帰り，プラットホームでボーッと立ちつくしていたことです。付属中学校から歩い

て10分くらいのところに岡崎の駅があったんですけれども,「これは大変なことだ」というショックで,どうしても電車に乗れないんです。ボクの乗る電車は来るんですが,来てもぜんぜん乗れない。電車はどんどん来て,どんどん行ってしまう。この時の光景が,今でもボクには忘れられません。

●授業がうまくできない

　ボクは今でこそ,こんなふうに話してますけど,以前はすぐに顔が真っ赤になって,人前では何も話せなかったんです。前が見られない。何を話していいのかわからない。昔,仮説実験授業の研究会なんかでは,よく「自己紹介」というのがあったんですが,「自己紹介」というと,ボクは逃げ出していました。そういうのが,とてもイヤだった。順番が来る前からドキドキドキドキして,何をいってるのかわからなくなる。40歳くらいまでは,そんなふうでした。人間って変わるもんですね。

　人前で話すことができなかったボクが中学校の教師になったんですから,困りました。理科はまだいいんです,実験があるから。困ったのは道徳です。実験がないし（笑）,1時間もどうするんだと。ともかく,子どもの前で説教じみたことがうまく言えない。言うのが恥ずかしい。どうしていいかわからない。ただ,その当時は,今とちがって,まわりの教師や親がゴチャゴチャいう時代ではありませんでした。だから,いつも「道徳は卓球」と決めて,卓球をやっていました（笑）。

　理科だって困りましたよ。教科書があるから,それで一生懸命説明するんだけど,ぜんぜんわかってくれないんです。「理科の勉強を,ボク自身がしなきゃいけないな」と思いましたね。

学生時代までのボクは，勉強が嫌いで逃げてばかりいたんです。「でも，これからは勉強しなきゃいけない」と思うんだけど，何を，どう勉強したらいいかはわからなかった。

●**本を読んでもわからない**

仮説実験授業を知ったのは，教師になってすぐのことでした。教師1年目，1965年の5月か6月です。たまたま中学時代の恩師（藤田正氏）が「仮説実験授業というのがある」と教えてくれたんです。ボクが授業でかなり困ってるということを知っていて，だから，ちょっと皮肉まじりだったと思うけれど，ボクは素直に聞きました。そして，それからすぐに『仮説実験授業』（国土社，1965，絶版）という本が出たので，「まあ読んでみようか」と思って買いました。庄司和晃さん（当時，成城学園初等学校）の書いた分厚い本です。

ところが，これが読んでもわからない。まず，「認識」という言葉がわからない。「誤謬」も読めない（笑）。その次に，秋になって出た『仮説実験授業入門』（板倉聖宣・上廻昭著，明治図書，1965，絶版）を買ったんだけど，これもわからない。何もわからなかったですね。でも，「仮説実験授業」という言葉は覚えたし，「板倉聖宣」という名前も覚えました。後は何もわからない。そういう状態でした。

西川浩司さん（兵庫，元小学校教員）は，「『理科教室』の《ふりこと振動》＊を見て，素晴らしい，すぐにやろうと思った。目

＊板倉聖宣「ふりこと振動―〈仮説・実験授業〉のためのテキスト」，科学教育研究協議会編，月刊『理科教室』1963年11月号（当時，国土社）に掲載された，仮説実験授業の最初の文献。現在は，板倉聖宣・上廻昭・庄司和晃『仮説実験授業の誕生』仮説社，に収録。

からウロコが落ちた」なんていうんだけど，ボクは目から何も落ちない（笑）。だから西川さんの話を聞いたとき，「不思議な人もいるもんだな」と思いました。ボクみたいな人間の方が一般的だろうと思ってるんですけど……。

　でも，ボクは運がいいんですよ。新任で入ったときの教務主任（藤田九郎氏）というのがたまたま理科の教師で，勉強がすごく好きな人だったんです。月に一度，名古屋大学で開かれていた科教協（科学教育研究協議会）の会合に出ている人で，そこにボクを誘ってくれたんです。

　新任の最初からじゃないですよ。今，ボクらでも，来たての若い子に普通は「サークルに行くか」なんて，すぐには誘ったりしませんからね。しばらく見てて，なんか合いそうだなと思うと声をかける。拒否されるかもしれないと思ったら，声をかけない。向こうも，ボクを見てたと思うんです。そして「犬塚さん，理科の勉強に行かないか」と誘ってくれた。それから月に一度，名古屋大学で開かれていた科教協の会合に行くようになりました。行っても，わからない話が多かったけど，黙って聞いていました。

●板倉さんとの出会い

　行きはじめて3回目くらいの時だったと思うんですが，その会に板倉さんが呼ばれて来ていた。「ああ，この人が板倉聖宣という人か」というくらいには，覚えていました。

　普通は15～16人の会だったのが，板倉さんが来たときは100人くらい集まったかな，教室にいっぱいでした。

　どんな話をしてくれたかは詳しくは覚えてないけれど，確か

「科学的認識とは」とか,「科学の基礎的な概念と原理的な法則」とか,そんな話だったと思います。「予想をたてろ」ということだけは,よく覚えています。

 板倉さんは,いろいろな形の月を黒板に書いて,「この中に,実際に見られない月はありますか」という問題を出した。予想を聞くんですよ。

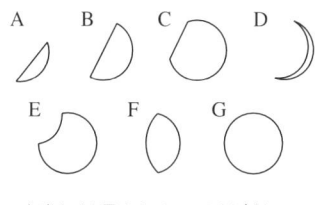

実際には見られない月はどれ？

 予想を聞かれて,手を上げるのが恥ずかしいなと思ったのを覚えているくらいで,あとはあまり覚えてない。

 それが教師になって１年目（1965年）の11月のことで,板倉さんとの最初の出会いです。

 それで,その会の終わり頃に板倉さんが,「１月に大阪の四條畷（しじょうなわて）学園小学校で授業を見る会があります。皆さん,どうぞ」といったんですよ。ボクは,「授業が見られるのか。いいな」と思って,四條畷学園に行きました。みんなも行ってると思ってたんですけど,名古屋の科教協の人は誰もいなかった（笑）。ボクはスッと行ってしまった。行動力があるというか,エライ人ですね,ボクも（笑）。

● **授業の素晴らしさに圧倒される**

 行って,授業を見たら,すごくびっくりしました。西谷亀之（かめゆき）さんの《浮力》の授業だったんですが,６年坊が生意気にも〈力の矢印〉を書いてワイワイ討論してるんですよ。「これはいったいなんなんだ」と,本当に驚きました。

> 〔問題2〕　　　　　　　　　　　　©仮説実験授業研究会
>
> はじめに,てんびんの両方の皿に,水の入ったいれものをのせて,つりあわせておきます。
>
> つぎに,その一方の水の中に,前の実験でつかったおもりを入れたら,はかりはどうなるでしょう。
>
> おもりは,いれるものにさわらないようにしましょう。
>
> 　予　想
> ア.はかりは水平のままだろう。
> イ.おもりを入れた方がさがるだろう。
> ウ.おもりを入れた方があがるだろう。

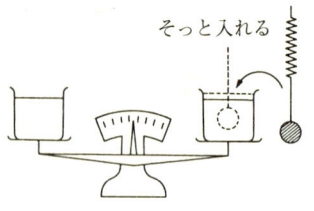

　これは《浮力》の授業書の〔問題2〕だったんですけど,ボクも,わからなかったですよ。

　中学生なんて,ふつうはほとんど討論なんてしないじゃないですか。こっちは必死で説明してるのに,中学生はわかってくれない。計算問題ができない。それなのに,ここでは6年坊がいとも簡単に矢印書いて説明して,実にたのしそうにやってる。

　先生の印象というのは,あんまりないんです。先生はフワッとしていて,ただニコニコしてただけ。チラッと金歯見せて,ニコニコしてただけだったね(笑)。

　四條畷では《浮力》の印刷物をもらいました。まだ「密度」は入ってない授業書〔現在は《浮力と密度》〕でしたけど,「な

ーんだ，この紙を配ればやれるのか」と（笑）思いましたね。でも，もらった〈授業書〉を見たらわかったんです，「浮力って，こうやって考えればいいのか」ということが。

　その頃は，中学校１年生の教科書に「浮力」があったんで，ボクも教えてました。普通は，言葉で「おしのけられた水の重さだけ…」と覚え，問題を解く。受験問題とか教科書の問題は，それで解けるんです。ボク自身，それで解けたけど，考え方はわからなかった。「アルキメデスの原理」を説明して計算問題とか出すんだけど，ボクが教えてる子どもたちは，できるようにはならなかったんです。

●授業以外の思い出は……

　この会は，授業を見にきた人はたくさんいたけど，たぶん，四條畷学園小学校の先生たちの「校内研究会」のようなものだったと思います。だから，授業の後，分科会とか，講座とかもなかったんです。

　授業が終わってからは板倉さんを囲んで学園の先生たちと何人かでちょこちょこっと話した程度で，宿泊所に移動することになりました。「魚捨」という割烹旅館が宿泊所になっていたんですが，一緒に泊まる人がワーッといると思ってたんですけど，あまりいなかった。「どうぞ」と言われてタクシーに乗ったら，隣に板倉さんが乗ってたんですよ。

　今でもボク，板倉さんとはほとんど話さない。緊張するんです。でも，その時は隣にいるんだから，なんか話さなきゃいけないと思って，「板倉先生，ダンネマンの『大自然科学史』を勉強したらいいですか」といったんです。「仮説実験授業とい

うのは科学史とつながっていて,科学史を大事にしてる」ということは知っていたので,そういったらなんか説明してくれるかな,と思ったんです。ところが板倉さんは「ダンネマンの科学史の勉強なんてしたってダメですよ」(爆笑)。もう話が続かなくなって困ったんですが,宿舎があまり遠くなかったので助かりました。そういう思い出があります。

次の朝起きても誰も話す人がいなくて,一人ぼっちで宿舎の近くの「野崎観音」というところに行ってみました。四條畷の会について覚えているのは,《浮力》の授業を見て,板倉さんとタクシーに乗ったのと,野崎観音のこと……のぼりがあって,階段があってという,その3つくらいしか覚えていない(笑)。

●はじめての仮説実験授業

1年生の3学期には「熱」という単元がありました。ボクは冬休みにちょっと勉強して,5つくらい質問を考えて「熱」の授業書みたいなものを作りました。それで授業したら,子どもたちに「ぜんぜんわからない。先生,教科書やって」といわれました(笑)。なにしろ「問題を作って予想をたてさせればいいんだから簡単じゃないか」ぐらいに考えて作ったものですから,実験もなにも考えてない。生徒が「やめてくれ」って思うのが当たり前ですよ。

そんなふうに「自分で授業書を作ろう」なんて考えるのはすぐにやめましたけど,ああいうのは簡単に作ってはいけないですね。

初めて仮説実験授業をやったのは,次の年です。教師2年目で1年生と2年生を受け持ちました。当時の1年生の教科書に

は「パスカルの原理」と「アルキメデスの原理」がのっていました。4月にやることになっていたので，4月に1年生と《浮力》をやりました。2年生では《ばねと力》ができるので，1学期にそれをやりました。

　うれしかったのは，苦労しなくても授業が成立するということです。それなりに時間がもつ。なにしろ時間がもたせられたことだけでも，ボクはうれしかった。と同時に「ああ，授業って，こういうものなのか。こういうふうにやればいいのか」ということも感じることができました。

　「力の原理」は，矢印を書いて考える。そうか。みんな矢印を書いて考えればいいのか。なーんだ。釣り合うというのは，そういうことなのか。引力とは反対の力が働いていて釣り合っている。矢印を書けばわかる。……ボクが「力の原理」をわかるようになると同時に，「こうやって教えればいいんだ」ということがわかった。

　その頃は「仮説実験授業の思想」なんてわからないし，勉強もしてませんでした。本で勉強しようと考えたとしても，そのころ仮説実験授業の本といえば『仮説実験授業』と『仮説実験授業入門』以外になかったし，サークルもなかった。それでボクがしていたことといえば，中間や期末テストの前になると，クラスの子たちに夜10時ごろ電話して，「勉強しとるか」みたいなことを言うだけですね。

　当時は宿直がありましたから，学校から電話するんです。3年生の場合は，夜，車で子どもの家をまわっていって，近くでクラクションを鳴らす。勉強をちゃんとやらせようとか，そういうことよりも，「先生も気にしてるよ」という感じを伝え

かっただけです。そんなようなことで，自分の存在に満足してたし，それなりに気持ちよくなっていました。

●鍛えたがる校長

1・2・3年とやってきて，また1年生を受け持ちました。大変だったのは，その年からです。校長が変わったんです。

その前の校長というのは，昼間から碁をうっていました。何もいわない。校長というのは，特別いいことをいったり，やってくれるんなら別ですけれども，いらんことをゴチャゴチャいわれると，うっとうしい。何もやらんでいい。碁をやってるとか，自主的校長会で喫茶店に行ってるとかでいい。

ボクは4年目でした。仮説実験授業〔以下，「仮説」と略記〕のことも，それなりにわかってきていましたし，仮説の会にも出ていました。仮説の会に行くと，いつも自分のまわりにいる先生たちとは違う先生というのが見られる。その頃のボクは，仮説実験授業の思想とか基本とかはわからなかったけど，人間の〈生き方の違い〉みたいなことはすごく感じていました。

ところで，平岩久一郎さんという新しい校長は，ボクに注意してくるんですよ。「今までは若かったからしかたがない。しかし，もう3年も過ぎたんだから」ということでしょう。平岩というのは，たまたまボクの親戚筋にあたる人でもあったので，もしかすると，うちの親から「息子を頼む」といわれていたかもしれない。「まかせておきなさい」とか，そういうこともあったかもしれない。経歴からすると，ボクは期待されていたと思うんです，エリートコースに行けるということで。そういうことで，「特に鍛えてやろう」と思ったのかもしれません。

他の先生たちも，それまでは若いということで，大目に見てくれていたんだと思います。それが，風向きが変わってきた。
　ボクは，いろいろ言われても，言い合いはしない。言い合いはしないけど，疲れるんです。自分でみんな背負うからです。「俺が悪いんだ。なにもかも俺が悪いんだ。俺はあんまり勉強してないし，子どもたちのためにも，あまり考えてないな」などと自分を責めてしまう。でも，ボクが叱られるなら，まだいいんですよ。子どもにあたるんです。ボクは子どもたちから「ワンちゃん」と呼ばれてたんですけど，職員室とかで生徒がそういうと，「なんだ，先生に向かって〈ワンちゃん〉なんて」と叱る。ああいうのが許せなかったですね。本人がいいといっているのに，なんで他人が横からぐちゃぐちゃいうか。

●一番つらかったのは，子どもを守れなかったこと

　次の年は教師5年目でしたが，1年生担当からいきなり3年生に抜擢されました。これが悲劇の始まりだったんです。
　校長が変わって職員室の雰囲気も変わってたんですよ。だけどボクは，雰囲気が変わったということもわからなかった。
　この平岩校長というのは，よく教室に怒鳴りにくるんです。理科の授業は理科室でやっていましたが，そのときは来ない。特に，給食の時間とか放課（休み時間）に教室に来る。昔の校舎は，今みたいに鉄筋じゃなくて木造でしたから，音がよく響くんです。この時の学年主任が西脇霊雄さんという人で1組，ボクが2組で校長室の上に教室があった。3組が中村さんで保健室の上。小さい学校だったんで3組しかなくて，この3人で組んでました。校長は，ボクのクラスに来ては子どもたちを怒

鳴りつける。子どもが叱られるというのは，ボクが叱られるよりつらかったですね。それを守れない自分が口惜しい。

　ボクも注意してたんですよ，「静かにしろよ。校長が怒っとるぞ」とか。でも，子どもはきかないんです。今思えば，校長はボクを叱っても変化がないからそうしてたのかもしれない。

　学年主任も大変だったと思います。だけど，西脇さんからは一度も注意を受けてません。「ああしろ，こうしろ」というようなことは一度もなかった。偉い人だったと思います。しかも主任は，「犬塚さんの組がかわいそうだから，ひと月ごとに教室を移動しよう」といってくれたんですよ。それで，3つの組が順番に校長室の上に行くように，絶えず動いていた。それから，椅子の下に雑巾を巻いて，音がしないようにした（笑）。ボクのクラスだけでなくて，3年生はみんな，そうしてました。

　その頃のことでは，こういうこともありました。

　国語は，女の先生がボクのクラスに来ていたんです。ボクより20歳くらい年上の人で，悪い人じゃなかったんですけど，クラスの子たちがその先生を嫌っていました。その先生は子どもが自分の思うようにならないとだめな人で，ある時，「先生は，もうアンタたちのクラスには来ない。もう授業しない」といって来なくなったんです。ボクはその先生とケンカした。「オマエなんか，来んでいい。俺がやる」といって。

　ヘンに子どもの味方をしてたんですよね。そういうところが，ボクにはありました。そのせいか，ボクは子どもたちには人気がありましたよ。今まで，〈子どもにソッポ向かれた〉ということはないですね。子どもというのはなかなか信用できる。子どもというのは，よくわかってくれるなと思います。

話はちょっとちがいますけど，仮説実験授業をやってる人たちの中には，「仮説をやってる」ということで摩擦が起きる場合があるようですが，ボクの場合，そういうことは一度もありませんでした。「おまえはシツケが悪い」というような，生活指導上のことではしょっちゅう言われてましたけど，「教えることの内容」でとやかく言われたことは一度もなかった。「〈生活指導〉と〈教える内容〉と，その両方で批判されたらどうしようもないぞ」という思いがいつもありましたが，ボクが幸いだったのは，仮説をやっているということで注意を受けたことは一度もなかったんです。

　そういう意味でも，今の学校体制というのは，ボクらが教師になったころに比べると悪くなっていると思います。昔がとてもよかったということじゃありません。でも，近ごろは〈子どもの意欲〉とか〈子どもの気持ち〉とか，そういうことを，子どもの意欲や子どもの気持ちと正反対のところで議論して，細かいことをなんだかんだと規制するようになっている。昔から今のような状況だったら，ボクだって仮説実験授業をやっていなかったかもしれない。そういうことを考えると，いまの学校の中で〈仮説〉をやっている若い先生たちの姿はけなげというか，ボクは感動しちゃって，少しでも後押しできたらいいなと思っているわけです。

●とにかく勉強がしたかった ── やめた本当の理由

　校長以外にも，「こういう先生になれ。こういう方向でやれ」といってくる先輩があらわれたけど，その指導をボクはぜんぜん受けつけられなかった。そんな先生にはなりたくない。そん

な方向ではいきたくない。ただ，反発は感じても，まともに反論はできなかった。

　「ボクのなりたい先生」というのと，「現実にボクのまわりにいる教師」との間にギャップがあるということは，ずっと気になっていました。ボクがそのころ仮説関係で話をしてたのは関西の先生が多くて，西川浩司さんとか，四條畷の渡辺慶二さんとか，西谷亀之さんとか，そういう人たちでしたけど，特定の誰ということではなくて，仮説実験授業をやっている先生って，「ふつうの学校の先生」とは感じが違うでしょ。「ボクもそうなりたい」と思うんだけど，でも，どうしてそうなれるのかわからないから，「オレは大丈夫なのか」という不安があるわけです。

　今みたいに研究会がいっぱいあるわけじゃないので，ときどき東京に来てました。東京に来るのは，勉強するというより，なんか自分の生活している場所に埋もれてしまう自分が怖かったんです。生活している場所では反発もできないので，東京へ来て，別の空気を吸って，それでまた帰って行く。東京に来ても，板倉さんや，その他の人としゃべるわけではないんですよ。東京には人がたくさん歩いている。それを「いろんな人がいるなあ」と見ているだけでいい。そんな感じでした。当時はまだサークルもなかったし，話す人もいなかったし，研究会もなかったし，そういう中で自分がどうにかなっちゃいそうで，そういう自分が怖かったですね。

　それで，「ともかく仮説実験授業を，もっとゆっくりと勉強したい」「仮説実験授業の本をじっくり読みたい」というのがあって，それが，辞める直接のきっかけでしたね。ボクが学校

を辞めたのは，叱られてやめたんじゃないんですよ。そういうことが一番の理由だったんです。本当に自分自身の問題でした。

　「仮説実験授業の本を読んで，すぐにわかる」という人がいるんですけど，ボクはそういう人が不思議でしょうがない。ボクは普通に本を読んでも，わからないんです。ボクだけが，わからないんですかね。

　ボクは自信をもって「それは違います」とか，「これは，こうです」とか，言いたかったんです。ここで司会をしている重弘忠晴さん（松戸市，小学校）は，今はあまりしゃべりませんけれど，若い時は強気でしゃべっていました。自信満々という感じだったので，「ボクもああいうふうになりたいな」と思っていました。

　理想的なことを，「こうだ」と人に語れるようになりたいと思っていました。思想的な裏付けというか，カッコイイ理由をちゃんといえるようになりたかった。もっと強くなりたかった。そして，「勉強しなきゃ，強くなれない」と思ったんですよ。

　でもボクは，「現場にいながら仮説実験授業の勉強なんてできない」と思った。先生やってると，ボクは〈気にする人〉だから，いろいろとつきあってしまう。僕のことを「割り切って教師をしている」と思っている人がいるかもしれないけれど，そうじゃないんです。だから部活をやったり，部活が終わると酒を飲むし，つきあいが多くなっちゃう。それで，「このままいったら勉強なんてできないぞ」と思いました。「このままいったら絶対に面白くない」と思いました。でも，それに流されていく自分。もたもたして，そうして4年が経ち，5年が経ちました。

――さきほど,「仮説の先生たちと,自分の学校の先生たちとは違う」といわれましたが,たとえばどんなところで感じたんですか?

学校の先生は,〈上から指導を加える〉ような感じがある。規則を守らせようとしたり,生活指導を大事にする。その頃のボクには,すでに,そういう方向では行きたくないというのがあったからだと思いますが,そういうのが受けつけられなかった。仮説の人は,そういうことは言わない。ただ「授業ができてうれしかった」みたいな話しかしない。たのしそうに子どものことをしゃべってる。そういうところですかね。

●大学院に落ちて

ちょうどその頃,愛知教育大学に大学院が設置されることになったので,そこに行こうと決意しました。蒲生英男という,大学時代の指導教官がいたんです。後に,『理科教育小史』(国土社,新書)を書いたりした人ですが,ボクの卒論にCをつけた人でもありました。板倉さんの文章(「犬塚清和さんの本によせて」『教師6年プラス1年』収録)の,「大学時代の恩師の話」のところにも出てきます。ボクのことを,「犬塚という男は頭がよくない」とか「ちゃらんぽらんな男だ」とかいってる人。

> ある学会の席で犬塚さんの大学での恩師に出会って,犬塚さんのことを聞く機会にめぐまれたのである。私〔板倉〕がとくに聞き出すまでもなく,その老先生はこんなことをいった。「犬塚という男は頭もよくないし不勉強な男だが,最近はよくやっているようだね」と。〔中略〕その老先生は私に向かって犬塚さんのことを「頭がよくない」とか

> 「ちゃらんぽらんな男だ」とかけなしたあとで，一つだけほめ言葉をつけ加えた。「だけど，正義感は強い男でね」と。そしてこんなことも言った。「頭のいい学生より犬塚君みたいな学生の方がのびるようだね」——私は大いに賛成であった。私はうれしかった。（板倉聖宣「犬塚清和さんの本によせて」『教師6年プラス1年』新版，仮説社，より）

　大学時代はあまり蒲生研究室には行ってなかったんですけど，仮説を知ってからは，夜，チョコチョコ遊びにいくようになっていたんです。〈俺にCをつけやがってコノヤロー〉なんて思わなかった。「当然だよ。勉強してなかったし，他人のノートを写しただけだもんな。バドミントンとパチンコとバイト（家庭教師）に明け暮れてたし」と思ってました。

　大学時代には寄りつかなくても，こちらに問題意識が出てくると，スッとそういう人のところに行く。ボクは，そういう点ではこだわらない。まあ，ワガママというのかもしれない。堀江晴美さん（この会の主催者。千葉・中学校）にいわせると，「犬塚さんは，〈他人に不誠実，自分に誠実〉」ということになりますけど（笑）。

　蒲生教授が，「大学院もできることだし，居りな」といってくれまして，「オーッ，いいチャンスだ」と思いました。でも，「ボクは英語ができないから，ダメですよ」といったら，「そんなことは，なんとかなる」といってくれたんです。

　大学院設置の認可がおりて，第一回の募集があったのが6月頃でした。中途半端な時期だから受験者があまりいないと考えて，教授も「なんとかなる」と思ったのかもしれない。「よし，

これでゆっくりと仮説実験授業を勉強できる。仮説実験授業を勉強していい先生になれる」と思いました。ところが，時期が中途半端だったんで，それで揉めたんです。

4月ならよかったんです。でも，ボクも担任やってたので，校長が受験の許可証を出してくれない。「所属長印」というのが必要なんで何度も頼みに行ったんだけど，押してくれなかった。それで，辞表を書いたんです。

大学院に必ず入れるとも思えなかったんだけど，蒲生教授の「なんとかなる」という言葉を信用して「もう辞めちゃおう」と思ったんです。辞めちゃえば，もう所属長印なんていらないだろう。そう思って西脇主任のところにいったら，「やめとけ。せっかく担任をしとるんだし，来年またあるで，来年受けろ」といわれたんです。で，それをのんで，辞表を出すのは延期して，翌年の1月に大学院の試験を受けました。

英語で論文を書くんです。「教育の未来について，英語で書け」という設問があった。「I think」と書いて終わったよ（爆笑）。当然落ちました。

学校は，3月（1971年，28歳）できっぱりとやめました。「一身上の都合により退職します」と。その時も，みんなに反対されました。普通の先生たちにも反対されたし，板倉さんにも反対されました。「大学院なんかに行ったって，しょうがないよ」と。そりゃ，そうですよね。でも，ボクの場合はそれでよかったと思っています。

●おそるべき「教育学」の実態

教師を辞めて，大学院もだめで，でもそのままじゃしょうが

ないから，名古屋大学の研究生になりました。これは授業料を払うだけだから簡単。で，研究生になったんですけど，本当に困りました。やることがない。教育学の講義はとってたんですけど，そんなのやりたくないし，その他の講義はほとんどとってませんでした。そうすると，大学に行ってもやることがない。

そのころ結婚もしていたんですけど，今まで先生やってた人間がずっと家にいるっていうのは，恥ずかしいですよ。世間体が悪い。ボクは世間を気にする人ですからね。

親が気にするのもかわいそうなので，ともかく家を出て，名古屋までは行きました。名古屋の駅前にでかい喫茶店があったんですよ。そこに半日くらいいました。何かを書いたり，仮説実験授業の記録なんかを読んだり，本を読んだり。そういう，「したいこと以外，することがない」という時間をすごせたのが，とてもよかったと思っています。

ボクは研究生としていちおう「三枝研究室」というところに所属していたんですけど，その研究室は実質的には重松（鷹泰）研究室の下に入っていました。重松研究室というのは，その当時の「教育学」では威張っていたんですよ。ボクはその大学院の「教育方法ゼミ」とか，「教育内容ゼミ」とかには，まあ行くことにしてました。

ああいうところに行ったというのも，やっぱりよかったですね。「こんなクダラナイことをやっているのか！」ということが，よくわかったんです。それを知ったことが一番よかった。

ボクはたいていのことについて，なにかまずいことがあると，「自分が悪い」と思うタチなんですよ。勉強してなかったことは自分でよくわかっているから，「俺がいいかげんだから，い

かんのだなあ」とか,「勉強しないから,いかんのだなあ」とか思っちゃう。だから,ボクは教師として,いつもおどおどしてたんです。ところが,〈教育学者〉やその卵たちを知ってから,まったく怖くなくなった。「大学の教育学がいかにくだらないか」ということは,名大の研究生にならなかったらわからなかったと思います。

　仮説実験授業では,「学ぶに値する問題だけをやる」というでしょ。だから,「何が学ぶに値することか」という研究をしなければいけない。ところが,大学では,そんなのはまったく研究してないですね。

　仮説実験授業で一番大事にしている「子どもに聞く」という視点。そういう視点も,まったくない。子どもの感想文なんて,まったく無視ですからね。あれには腹が立った。感想文を書いてもらわないということは,ボクらが「さびしい」と思う以上に,〈学ぶ側の意見・評価を排除する〉ということです。でも彼らは,「子どもに聞く」ということの意味を,まったく評価できないんですよ。評価できないというより,馬鹿にしている雰囲気がありましたね。それで,「なんだ,これは。口では理想的みたいなことをいってるけれど,実際やってることは,どうしようもないじゃないか」と憤慨しました。

　おどおどしていたボクは,仮説実験授業を知って,その上で大学の教育学研究室というところに行ったら,「教育学はどうしようもない」ということが,よくわかったんです。そういう点では,なかなかいい経験をしたなと思っています。

　「西尾サークル」をつくったのは,教師を辞めたときです。『教師6年プラス1年』という本ができたのも,「サークルの人

に向かって書こう」と思ったのが大きなきっかけです。そこに載ってる文章の多くは，辞めていたときのものです。サークルはいちおうボクが中心でやっていたし，「サークルに来てもらっても，何も発表資料がないというのではさびしい」という心配もあって，月に1回は自分の書いたものを何か出そうとか，あるいは板倉さんの講演記録を出そうと考えていました。たいていは「愛」という西尾の喫茶店で，ガリ版で書いたんです。

●見かけも気分も辞めて変わった

　夏にはまた採用試験を受けて，翌年から中学校にもどったんだけど，辞めてしまってから後は，やっぱり変わりますね。刑務所に入ってくると人間が変わるようなもんで（爆笑），「俺は，いっぺん違う道に行ったんだから」という，あきらめというか，覚悟というか，さとりというか，何か気分が変わりました。

　見た目も変わったと思います。辞める前は，学校へ行くのにスーツを着てましたし，髪は当時の「〔石原〕慎太郎刈り」という，スポーツ刈りのように短くしてさっぱりしてたんですけど，辞めてからは違いましたね。あのころ，まだ国土社にいた竹内さんには，「最近，文章が挑戦的になってきた。今まではやさしく語っていたのに，やさしさがなくなった」といわれました。たしかに，それはありましたね。「睨まれたら睨み返してやろう」というような感じで生きてましたから，空手の試合をやってるようなもんです。それなりにボクは満足してたんですけど。

　ボクが職場でケンカするようになったのは，一度辞めてからです。それでも，あまりケンカするのは好きではなかったので，たいていは「すいません」といいながら逃げてました。

ただ，ボクは先ほど言ったように，ヘンなことでムキになるんですよ。復帰して3年後くらいの時に，「白い靴下問題」というのがありました。

その時は40人くらい教師がいる学校だったんですけど，それまでは自由だった靴下の色を，「白い靴下に統一する」という提案があった。1975・76年頃から生活指導が重視されるようになってきたんですね。最後は多数決で決められることになって，ジイサンたちは「どうでもいい」という感じでしたけど，若いのが賛成に手をあげて決まったんですよ。「こういうことじゃ，教育には未来がない」と，ボクはいきり立って，手をあげた若いやつを名指しで，「なんだ，おまえは別の学校に変わっても，白に統一するというのか」と職員会議でやりましたよ。

その翌々年に中1を持ったんですけど，学年主任とケンカして，「成績順位を出すのをやめろ」と一人で頑張ったことがありました。それは「個票」で，全体発表はしないんだけど，成績順位を出すんです。そして，その学年主任が，「順位を出さないと，生徒は勉強せん」といったんですよ。それで，「いっぺん，そんなのやめてみろ。俺の理科の点数は教えないぞ。出すんなら自分で調べろ」とやったんです。理科の点数は，ボクが出さなかったら絶対にわかるはずがない。それで，この時は，成績順位の発表はやめになりました。

いま思うと，「そんなこと，よくいったな」と自分でも思います。いまのボクなら，「もし決まってもオレは従わない」という自信がありますから，それほどムキにはなりません。でも，そういうのがボクの30代でした。

「いい・悪い」は別にして，自分が〈心底，本気でそう思っ

てる〉というならまだいいんですけど,〈口先だけ〉というのががまんできないですね。〈口先だけ〉という鋳型にはまって,〈自分のことば〉と〈自分の心・行動〉がばらばらになっていることに気がつかなくなったら,どうしようもないでしょ。

　30代は一人でよく頑張ったなあと思います。そういうことを通して,「おかしなことは,一人であっても,くい止められることがある」ということがよくわかってきた。

　学校内で,逃げまわるばかりじゃなくて,反対意見がいえるようになったのは,教育学のくだらなさを知って,自信がもてるようになったということがあると思います。それと,やはり『教師6年プラス1年』が大きく影響してるかもしれません。板倉さんがよく「〈他人の評価〉が大事だ」というじゃないですか。自分の書いた文章を「いいね」といってくれる人たちがいると,「そうか,いいか」とうれしく思う。中でも,板倉さんが評価してくれたというのはうれしかったですよ。「こんなにも評価してくれて,照れる」ということもありましたけど,それよりも,「その評価に反しないような行動をしよう」と思いましたね。

●**学校では貴重な存在**
　一度辞めたために,月給が安くなりました。6年間分の退職金を35万円もらいましたけど,今になってみれば,退職金も同期の人より300万円は少ないかもしれない。4歳ちがいのやつと,ほとんど給料が変わらないんです。「俺なんか,月給も安いし,退職金も少ない。そのぶん,嫌なことは絶対やらんぞ」と決意しました（笑）。

今の学校（平坂中）に来て５年目ですけれども，本当に幸せなことに，ボクに文句をいう人は誰もいない。存在を認めてくれている。若い人たちがそういうボクを見て，「ああいうふうな生き方があるか」と思ってくれるといいんですがね。

　この夏休み中には，こんなことがありました。午前中は全校登校日で，午後が職員会議。職員会議の後にカウンセラーが研修会をやるというんです。〈研修〉ということで，目隠ししてゲームをやったりする。「皆さん，動きやすいズボンをはいて，タオルをもってきてください」なんてね（笑）。ボクは，「まあ，いいや。俺は月給が少ないし，行かんでもいいや」（笑）と思って行かない。「職員室に待機しますから」ということでね。そんな生活ができるので，もう退職金と月給分の少なくなったぶんはほとんど取り戻しました。それだけ，自分の仕事というか，仮説の仕事もできる。余裕がもてる。年とって，今はますます幸せな気がしています。

　ボクみたいなのが一人いれば，学校や子どもがおかしくなるのを相当な部分で止められると思っています。だから貴重な存在だと思うんです。子どもたちにとっても貴重な存在だけど，先生たちにとっても貴重品なんです。管理職にとっても貴重品になってると思いますよ。「犬塚さんのやり方で子どもと接してくれればうれしいな。よろしく」という感じです。

　今は歩（あゆみ）という子とつきあっています。去年の７月からほとんど学校に来なかったんですけど，３年生になってからは，わりと来るんです。理科準備室（166ぺ～参照）には来る。修学旅行には，いっしょに行きました。修学旅行の後からは，教室にも行くんですよ。彼はサッカーが好きでして，サッカーがうまい

んです。夏休みに入ってすぐにサッカーの試合があったんですけど，選手で出たんです。本当にうれしかったですね。担任の先生も，学年の先生たちも，ボクには感謝してる。

　彼は，集会にはほとんど出ません。学校の近くに喫茶店があるんですけど，ある時，歩と一緒に喫茶店に行って帰ってきたんです。そしたら，校長と会っちゃった。今の校長というのは花が好きで，花をいつも植えてるんです。だから裏門で会っちゃったんだけど，校長さんに「ごくろうさまです」と言われて，「いえ，まあ」としか言えない。でも校長さんは，「犬塚さんはわざわざ歩君を探しに行ってくれて，連れて帰って来たんだ」と思っている（笑）。「いつも歩君のことを気にしてくれて，ありがとう」と。……まあ，そういう誤解も大事ですね。

● 一人でもできることをやる

　そんなふうになれたのも，子どもたちに支持されてきているからですよね。ボクは，理科準に来る子や何人かの子には，「俺の子分になれ」といってます。「俺の子分になれ。子分になれば，俺が守ってやる。そのかわり，俺のいうことはちゃんと聞けよ」と。そんな「犬塚先生」の存在に，子どもたちは安心しています。担任には何もいいつけないし，「相手が学年主任であろうと，校長だろうと，誰であろうと負けないな。校長と同じくらいに強いな」と思っているようです。

　ボクはあまり議論をするのが好きではないので，職員会議にはあまり出ないということもあるんですが，出ても，ほとんど発言しない。ときどき「たるい（ばかばかしい）な，これは」とか，「そんなことで，子どもたちは喜ぶの？」とか，それく

らいです。なにかを「やめろ」なんてことは，ほとんど言わない。この1年間で，手をあげて言ったのは「生徒会の立候補問題」の時くらいです。

あるとき職員会議で，「生徒会役員の立候補者には誓約書を書かせる」ということが提案されたんです。誓約書の一番は，「先生に暴言を吐かないことを誓います」。二番が「部活動と生徒会を両立させます」。三番が「法に触れるようなことはしません，不良はしません」。それを認めたら立候補できるという。それには黙っちゃいられない。全体的に嫌な感じではあったんだけど，特にボクが怒ったのは一番目です。

〈暴言〉なんて誰だって吐きたくなることがあると思うけど，「先生の方が何もしてないのに生徒だけが突然〈暴言〉を吐く」なんてことはないですよ。教師の言動には目をつぶって，一方的に絶対服従を求める。こんなこと認めたら，誰も立候補できないじゃないですか。

ボクが怒ったら，教頭はすぐに「検討します」といった。その後，「犬塚先生，こんな案でどうでしょうか」といってきた。誓約書が「約束書」というやわらかい表現に変わり，ボクがもっとも問題にした一番は削られていました。「まあ，よく直ってるね。部活と両立するというのは，それはまあいいことだから」と，引き下がりました。

こういう「提案」は，「磯貝良方（理科準の子，177ペ参照）が立候補する」という噂がたっていたんで，磯貝をおろすためにやったのは明白です。彼は，副会長に立候補して当選しました。

こういうことは，ほんのちょっとしたことだけど，本気で反対する人間が1人いれば，ヘンなことは決められない。「白い

靴下にしよう」という話があった時にも,〈今のボク〉がいたら,たぶん止められたと思うんですよ。それくらいのことは,1人でもできるんです。

でも,定年まで後4年しかないし,淋しいですね。将来は市会議員になるかもしれないし,そのうち教育長に推薦されるんじゃないかという,そういう期待もしながら,なってたらいいなと思うけど,そんなことになったら,ちょっと恥ずかしいですね(笑)。

まあ,いま世の中がどんどん変わってるし,これからどうなるかわからない。仮説実験授業だって,ボク自身こんなふうにできるとは思っていませんでした。だから,これからどうなっていくのか,ボク自身楽しみです。

「なーんだ。紙きれ配れば,授業ができるのか」と思うような人間がここまでくるというのは,なかなか革命的なことなんじゃないかなあって思います。

ちょうど時間で,こんなふうにきちっと終わるなんてのは今までになかったことです。これは聞いてくださる方の顔がよかったんです。ありがとうございました(拍手)。

＊堀江さんの「解説」の前に,「白い靴下事件」があったころの学級通信を一つ紹介しておきます。1976年度のおわりころ,卒業間近な中学3年生に向かって書いたものですが,34歳のボクが子どもたちとどんなつきあい方をしていたか,想像していただけると思います。

　なお,135〜165ページにも,「その後の学級通信」をいくつか紹介しておきます。ボクの書く学級通信は,いつも「ラブレター」のつもりです。

3の4へのラブレター　　　(学級通信／中学3年)
　　──犬塚清和，3の4と人生と夢を語る

● 3の4，それは愛

　ボクは，ほとんどお説教をしません。それは，ぼくがお説教がキライだからではなく，それができないからです。

　ボクは，他人にお説教ができるほどエラくないのです。だからボクも，他人にお説教ができるぐらいエラくなりたいと思っています。

　ボクは，ボク自身のことでいっぱいです。すばらしいボクでいたい，少なくとも自分ではそう思いたい，そう思える自分でありたい，だから他の人のことなんか，いちいちかまってはいられないのです。

　くつ下の色がどうの，何々がどうの──あーあ，そんなこと，どうだっていいじゃないか。もっと他に，もっと大事なことがいっぱいあるんじゃないのか。

　こんなボクなのに，なのにみんなはいい人です。

　教室でポケーッとみんなの顔を見ていたり，からかいあったり，週刊誌を見たり，トランプやったり，10円玉おとしをやったり，体育大会に優勝して喜んだり，音楽会には，くやしさのあまり，目を赤くして賞状をやぶったり，放課までも時間をおしんで勉強していた時もあった──そんな3の4。ちこく者

がもっとも多かった3の4。そんな3の4が，ボクは大スキでした。

　何かしら，いっしょにいるだけで，ホッとできる。愛って，そんなものなんだよ，きっと。

*

　ボクは，だけというのがキライです。先生だけやってるなんてつまらない。

　勉強だけなんていやです。ギャンブルだけなんていうのもいやです。オートバイだけ乗りまわすというのもいやです。セックスだけにしか興味のないやつもいやです。やっぱり人間，

　　楽しいことなら何でもやりたい

　　笑える場所ならどこへでもゆく

——それが人間というものではないでしょうか。

*

　ボクは，また，本を出したい。百姓もやりたい。先生もしていたい。もう一度大学にも行きたい。喫茶店もやりたい。出版社を作りたい。図書館も作りたい。塾をやりたい。

——それがボク，それは夢☆　　　　　　　　（1977年3月14日）

犬塚さんの自立と〈子どもを守る〉思想
犬塚講演の記録・編集を終えて

堀江晴美
千葉・金杉台中学校（社会）

　学校の中に「一つの理想像」を見出すことはなかなか難しい。だが，ひとたび研究会に目を向ければ「犬塚さん」がいて，いつも一歩前を歩き，輝いてくれている。若い時から今も，ずっと私たちを裏切ることなく輝き，ますますその輝きの輪を大きくし，私たちを元気づけてくれている。犬塚さんの存在そのものが，私たちの夢となり励ましとなっている。

　多くを語らなかった犬塚さんですが，近年は全国的規模で活動され，講演の中で自らを語る機会も増えました。にもかかわらず，「なぜ犬塚さんは，教師を辞めなければならなかったか」については，今一つわかりませんでした。「なぜ辞めたのか」。ずっと気になってきたことを，「メグちゃん・犬塚さん・竹内さんに学ぶ会」（1998年8月9日）で話してくださいました。珍しく，本当にきちんと話してくださいました。

　みじめだった教育実習。電車にも乗れないほどのショックを受ける。苦闘の始まりです。仮説実験授業とは教師1年目で出会う。しかし，すぐに素晴らしいとは思えなかったという。このあたりは，親しみを感じるところです。「同じだな」なんて。

　教師4年目。ここが分岐点！赴任してきた校長が，学校の雰囲気をガラリと変えてしまった。管理を前面に出し，教室にまで飛び込んできて子どもたちを怒鳴りつける，口うるさい校長。校長との葛藤の中で犬塚さんは，「子どもたちを守れなかった自分が口惜しかった。それが一番つらかった」という。こ

こにこそ私は，犬塚さんの原点を見出したのです。〈子どもを守る〉。ここが犬塚さんの原点。

犬塚さんはしきりに，「勉強したかった。勉強して強くなりたかった。〈こうなんだ〉と理想を語れるようになりたかった」という。仮説実験授業を土台にして，科学や学問・教育のあり方を問いなおし，どんな時も，何があっても，〈子どもたちを守る〉。〈子どもたちを守れる教師〉として自立したかったのですね。「たった一人であっても子どもは守れる」。今やそれは確信となっています。しかし，そうなるためには，どうしても「プラス1年」（退職期間）が必要だった。「プラス1年」なくしては，自己を確立することはできなかった。やっと，「なぜ辞めたのか」の謎が解けました。

この講演のテープおこしをして感じたことは，「犬塚さんは何も変わってない」ということです。犬塚さんは，「教師6年プラス1年」を経て強くなりました。変革しました。だからこそ『教師6年プラス1年』という本も生まれたのですが，人間としての「核」の部分では，何も変わってないと思うのです。いま行われている理科準備室での子どもたちとの交流。それはそのまま，まっしぐら，若き日の犬塚さんから直結しているではありませんか。教師としての熱き思いを貫き通し，美しく結晶させた姿に，感動せずにはおられませんでした。若き日の犬塚さんの戸惑い・悩み・憤り・喜びなどが，良質のドラマを見るように展開し，その時々の息づかいまでが聞こえてくるようでした。犬塚講演の中でも，珠玉のこの講演，多くの方々に届くことを願っています。──優等生になることを拒否しつつ，劣等感をもたずに自信をもって生きるために。

　　　2002年5月31日（日韓共催・
　　　　サッカー・W杯開幕の日）

●第1章のためのミニガイド●

　中学校に6年間。退職して1年間の「研究生」ぐらし。そして再び教員になってから7年間は,やはり中学校に勤務していました。しかし,1979年4月（36歳）,突然,小学校に転勤させられ,3年生を担任することになりました。これはショックで,半年ほど,ボクはとても悩みました。小学3年生というのは,中学生と比べると「何から何まで違っている」という感じだったのです。

　その,かなり深刻な悩みから脱出できたのは,仮説実験授業の《磁石》の授業のおかげです。そして,その喜びをバネに書いたのが,「楽しい授業の構造」です。これは教科書の「磁石」教材と,楽しい授業の典型である仮説実験授業の授業書とを比較して論じたものですが,ふだんのボクの文体とはかなり違っていると思います。それが気になる方は,「ちょっと長い追記」(62〜73ペ)を先に読んでください。

　《磁石》で元気をとりもどしたボクは,小学校もいいもんだと思うようになりました。「〈たのしい授業〉より〈少しでもマシな授業〉を」「管理を〈楽しさ〉で解きはなす」を読んでいただくと,それがわかっていただけるでしょう。これは,ほとんど同時期に書いたものですが,「管理を〜」のほうは《ふりこと振動》の授業記録が中心です。いずれも,ずいぶん昔に書いたものですが,特別に思い出深い文章であり,今でも「授業がうまくいかない」「仮説実験授業の実際を知りたい」という人にとっては,役立つことがあるのではないかと思っています。

　なお,最近の中学校での授業のようすは,《力と運動》の「授業通信」「授業案」などをご覧ください。

第 1 章

「たのしい授業」の実際

「たのしい授業」より
「少しでもマシな授業」を
―― 授業の評価は子どもがきめる

●めぐりあって20年

　仮説実験授業に出会って20年，これまでずっと，ボクは仮説実験授業にすがって生きてきたように思います。これから先も，きっとそんな感じで生きていくでしょう。でも，近年ではその〈すがり方〉が，以前とは違ってきたような感じがします。「仮説実験授業をするのは，楽しい教師生活を送るための方法」と思っていたボクですが，今は，「〈方法〉なんかじゃない。仮説実験授業をやることが，自分が生きていく〈目的〉だ」と思うようになっているのです。

　〈方法〉なら，もしうまくいかなければ別の方法を，ということも考えられるけれど，それが〈生きる目的〉となれば真剣にならざるを得ません。いいかげんには失敗できません。

　そんなふうに感じるのは，「仮説実験授業をやっていけば，とんでもない失敗なんてあり得ない」という信頼感がボクの中でより高まってきたからでしょう。仮説実験授業に，より自由に，より素直にすがる（つき合う）ことのできる自分を発見し

て，そんな自分の成長にとても満足しています。

●授業，ボクのたのしさ

　仮説実験授業に対する信頼は，授業書を使うことによって「いい授業＝たのしい授業ができた」という体験の積み重ねに基づいています。でも，ボクにとっては，その〈体験〉の裏付けは「授業を楽しむ子どもの顔」よりも，「自分自身が科学の論理（考え方）を知ったボクのうれしい顔」でした。

　ボクはずっと，「子どもの顔」よりも「自分の顔」を大事にして仮説実験授業と接してきたのです。子どものつまらなさそうな顔がいくつ見えようとも，いくつかのうれしそうな顔が見えれば，その顔を相手にして授業をすすめてきました。「オレが科学を知りたい」という気持ちを最優先にしてきたのです。

　もちろんそれは，「仮説実験授業を歓迎しない子どもたちが多い」という意味ではありません。しかし，「おまえは教師としてわがままだ」と言われても仕方がありません。

　そんなわがままが通用してきたのは，今思えば，ボクがずっと中学の理科の先生だったからでしょう。40人×5クラスの200人の子どもたちの中には，必ず30〜50人ぐらいはボクを積極的に支持してくれる者がいました。クラスの2〜3割の支持であっても，合計すれば1クラス分以上の数になります。しかも，授業書を使ったときの授業は，教科書などの授業よりも断然いいに決まっていたから，いつでも「成功！」です。だから，〈8割の支持〉などを目標にしなくても，ほとんど不安を感じなくてすんでいたのです。

　ときどき，「仮説実験授業がうまくいかなかった」という声

を若い人が口にします。そういうことを聞くと，即座にボクは「あなたの普通の授業はそんなにうまくいっているのか」といいたくなります。「今までの自分」を忘れたような「反省」や「悩み」は，聞いていて恥ずかしくなるのです。

　「仮説実験授業の理想」を評論家的に解釈して，「クラスの2～3割の支持ではいけない」と批評することは簡単です。評論家というのは批評の結果に責任をもつわけではなく，ただ「問題点を指摘する」のが職業ですから，それも仕方がないでしょう。でも，ボクたちは評論家ではない。自分の行動の結果はすぐに見ることができるのです。だからボクは，自分が「理想にはほど遠い人間」であることを自覚するだけに，「理想的かどうか」より，「昨日の自分よりマシかどうか」が気になるのです。自分自身の現状をもとに判断しなければ，ボクらは「不平のかたまり」になってしまうでしょう。そして，「〈不平にかたまった教師〉こそが子どもにとって最大の敵だ」と，ボクには思えるのです。

●あらためて，仮説実験授業

　小学校へかわって7年。相手にする子どもは40人だけです。クラスの2割だけを相手にしていれば満足，というわけにはいきません。ところが，十数年間も身についていた2割主義的な授業書の使い方はなかなか変えられませんでした。「小学校のガキはつまらない」と，ボクは本気で思っていました。絶対的に親切さが欠けていたのに，そのことにボク自身が気がつかなかったのです。「次の授業書，次の……」と，授業書を刷る手間は5倍になったのにもかかわらず，ボクの満足度は激減。子

どもたちは仮説実験授業をけっこう楽しんでいたと思うけど，中学生の2割に期待していたような反応は出てきません。

　でもボクは，ごく日常的に授業書を使ってきました（教科書はやる気がしない）。特別に何かを期待するというのではなくやってきたのですが，学年末の「好きな教科」では理科と体育がいつも1〜2位を争っていたのですから，仮説実験授業はすごいものであったわけです。

　仮説実験授業に出会って20年。仮説実験授業は子どもたちのすばらしさをボクに教えてくれたと同時に，ボク自身のすばらしさをボクに教えてもくれました。自分の心の大切さ，自分の気持ちを大事にして生きていく人間のすばらしさを，仮説実験授業は教えてくれました。ボクは「自分のすばらしさ」にはまだ自信がないけれども，「自分が好き」なことは確かです。

　教師である自分が好きです。それは仮説実験授業ができるし，仮説実験授業で得た考え方が通用する仕事であるからです。これがあれば「たのしい教師」でいられることが可能だからです。今もなお，自分の夢は夢として大切にしても，「他人」には2割主義の自分でいたいと思っています。

●10年後のボクにむかって

　「たのしい授業」には，こんな「大原則」があるようです。
　①子どもの敵になってはいけない。
　②自分の「まじめさ」にだまされるな。
　③ちょっとでもマシになったら成功と思え。
　④いいものは徹底的にマネすべし。
　⑤子どもの意欲最優先のサービスを。

⑥授業の評価は子どもに聞くべし。

　⑦パターンはいろいろある。ダメでもともと。まず第一歩を。

　　『たのしい授業』（1984年7月号）の「座談会：たのしい授業の大原則」による。

　ボクにとっては，もともと①②に反することは考えられません。③と⑦は当たり前。しかし，仮説実験授業と長くかかわっていながらも④⑤⑥がまだまだ「徹底」していません。

　西川浩司さん（当時，尼崎市・塚口小学校）は，

> 「受けもちの子どもが変わった時や，初めての授業書・初体験の実験にはやはり緊張する。しかし，〈授業がうまくいかないのではないか〉〈楽しくない授業になって子どもたちに嫌われてしまうのではないか〉という不安はない。ここで，〈全くないといえばウソになるが〉と書けば，以後無難に過ぎるかも知れないという気もしなくないが，やはり〈100％不安を感じない〉。いいかえれば〈授業が成功することを100％確信している〉ともいえる」

といっています。

　あす，ボクは43歳の誕生日を迎えます。「これは西川さんがボクの43歳の門出に贈ってくれたことばだ。10年後のボクもこんなことばが言えるようになりたい」と思いました。

　20％から100％へ，まだまだやることがいっぱいあります。

（1985年9月21日）

　＊この文章は『たのしい授業』34号，1986年1月号に掲載されました。74〜87ページに掲載する「管理を〈楽しさ〉で解きはなす」は，ほとんど同じ時期に書いたものです。

楽しい授業の構造 そして,長い追記
——《磁石》の授業(小学校3年生)を通してよみがえったボク

1. 楽しかった《磁石》の授業

　仮説実験授業の授業書《磁石》の授業をはじめて行ったのは1968年のことです。その後2～3回行ったことがありますが,それはいずれも中学生を対象としていました。

　小学生に行うのは今回がはじめてですが,3年生の子どもたちは,予想以上のすばらしさを示してくれました。これはボクとしても大変うれしいことなので,〈この授業のすばらしさの秘密は何か〉ということについて少しつっこんで考えてみたいと思い,この小論をまとめることにしました。

　はじめにまず,今回の《磁石》の授業の評価,つまり,この授業に対する子どもたちの感想(楽しかったか,わかったか)を示しておくことにします。

　　　　　授業の実施時期,1979年11月下旬～12月上旬,12時間
　　　　　担任クラス,花ノ木小学校3年2組,男17人,女18人

◎《磁石》の授業は，楽しかったですか？

	男	女	計
・大変楽しかった	10	13	23人
・楽しかった	5	5	10人
・ふつう*	2	0	2人
・あまり楽しくなかった	0	0	0
・大変楽しくなかった	0	0	0

◎《磁石》の授業は，よくわかりましたか？

	男	女	計
・大変よくわかった	6	9	15人
・よくわかった	8	8	16人
・ふつう	3	1	4人
・あまりわからなかった	0	0	0
・大変わからなかった	0	0	0

＊「ふつう」の選択肢は，その後は，「どちらともいえない」としている。

このように9割以上の子どもがこの授業を「楽しかった」「よくわかった」といっているわけですが，彼らにこのような〈感じ〉をいだかせたそのもとは何であったのでしょうか。授業終了後に書いてもらった子どもたちの感想文を見ると，この授業で取り上げられている「内容」のすばらしさが決定的な役割をはたしていることがわかります。

その「内容」というのは，大きく分けると次の3点です。

① 「針や釘を磁石にしたのが楽しかった。磁石でつくものとつかないものをしらべたのも楽しかった」（陽子さん）

② 「磁石の勉強はすごく楽しかった。それでよく勉強してからこのテストをしたのでよくできた。でも，わたしがはじめて知ったことがたくさんありました。地球は大きな磁石だとか，ウイリアム・ギルバートのこと，磁石の石でもN・

Sが決まっていること、そのほか、たくさんはじめて知ったことばかりでした」(美恵さん)
③「磁石はいろいろな性質をもっていると思う。それは磁石を半分において、おれたところは鉄はくっつかないと思ったのにくっついたのです。磁石は世界じゅうで使われていて、世界じゅうで人気だと思います。磁石の勉強は楽しかった」(淳子さん)

　①は「磁石につくものを見つける」とか、「磁石作りをする」という個別的な知識、作業的な楽しさであり、②は地中から掘り出される石の磁石（慈石）の存在、「地球が磁石だ」というスケールの大きな考え方をとらえる楽しさ、③は磁石を細かく折ったりして、微小な「分子磁石」のイメージをとらえることの楽しさです。

　「磁石」という共通した内容に強くかかわりながらも極めて異質の内容をもったこの3つの事柄──①個別的な、②地球的規模の雄大な、③本質にふれる原子論的な考え──の、この3つが有効に組み合わさってこの授業が構成されている。このことが、子どもたちに「楽しく、よくわかった」と言わせる大きな原因であると考えられます。

　そこで次に、これまで「磁石」の授業はどのようになされてきたか、教科書でのとり上げ方を中心にして見ていきたいと思います。

2．教科書での「磁石」のとりあげ方

　磁石に関連した教材としては、伝統的に、①磁石あそび、②

磁石の性質，③電磁石の3つがあります。そして①は低学年，②は中学年，③は高学年でとり上げるようになっているわけですが，ここでは②の「磁石の性質」について触れていきたいと思います。

県の教育センター図書館にある教科書で調べた限りでは，「小学校3年生で磁石の性質を教える」ということは，昭和31（1956）年の検定教科書からはじまった伝統のようです。その前の昭和28年検定・30年改定の教科書（啓林，4年下）では「電気のりよう」という単元の第3節「電じしゃくはどのようにして作るか」の一部としてこの「磁石の性質」が出てきますから，現在の「磁石」教材の原型は昭和31年検定の教科書にあるといえると思います。

この「磁石」教材の原型，昭和31年の教科書でのとり上げ方は次のようです。

> 　　　じしゃくづくり
> 　じしゃくはどんなにすればつくれるでしょう。
> 　えのようにじしゃくをもって，おなじ方こうになんかいもこすります。〔さし絵は省略〕
> 　じしゃくが，できたかどうか，しらべてみましょう。
> 　じしゃくをつるしたり，水にうかべたりすると，どちらをむいてとまるでしょう。
> 　じしゃくのN（エヌ）は北，S（エス）は南をさすしるしです。
> 　じしゃくに，ほかのじしゃくをちかづけると，どんなになるでしょう。
>
> 　　　　　（昭和31年文部省検定済，小学校3年用，大日本図書）

このように，31年検定教科書は「じしゃくづくり」として2ページ，内容は，「①磁石作り，②南北を指す磁石，③同じ極同士では反ぱつし，異極では引き合う」という3つのことで組み立てられています。
　そして39年検定・42年検定の教科書では，ページ数が4ページになっているだけで，内容的にはまったく同じです。タイトルが「じしゃくの性質」と変わり，磁石作りがうしろに下がります。つまり②→③→①の順序になるわけです。
　45年の検定教科書では，前の3つの内容にもう1つ「④磁石の力（磁石のまわりにできる磁力線の鉄粉模様など）」が加わり，ページ数もさらに倍増します。続いて51年の検定，現在使用している教科書ではさらにもう1つ「⑤磁石を折っても磁石としてはたらくか」という内容が追加されます。
　それでは，「ゆとりと実践力」を強調した新指導要領に切り変わる1980年度の教科書ではどうなっているでしょうか。3年生で磁石の性質について教えるという伝統はそのまま受け継がれますが，内容的には先にあげた①～⑤のうち，④と⑤とについての詳しい記述がなくなり，どちらもふろく的な扱いになっています。そして，内容の配列順序は②③①から再び「磁石作り」を前面に押し出した31年検定と同じ①②③（ふろくとして④⑤）になります。単元のタイトルも「じしゃくのせいしつ」から「じしゃく」になります。
　このように見てくると，この20数年来の「磁石」教材は，「①磁石作り，②南北の方向をさす磁石，③磁石どうしの吸引・反ぱつ」の3つの内容によって構成されていて，その「伝統」は今後も当分の間は大きな変更もなく受け継がれていくで

あろうことがはっきり予想できます。

それが良いか悪いかは、これとは異なった授業構成を具体的に提出し、実践によって問うより他にありません。そこで次に、仮説実験授業の授業書《磁石》の構成について触れていくことにします。

3. 仮説実験授業《磁石》の授業書

以下、授業書《磁石》の構成についての説明は、板倉聖宣氏（当時、国立教育研究所）の論文「授業書〈磁石〉による仮説実験授業」（『国立教育研究所紀要』第73集、1970。『(授業書研究双書)磁石・ふしぎな石＝じしゃく』仮説社、1989、に収録）をもとにしておこないます。この授業書は板倉氏が中心になり、仮説実験授業研究会の先生方の実践的研究によって作り上げられたものですが、板倉氏個人としては、最初は、すでにある3年生の「じしゃく」の教科書の取り上げ方をにらんだ上で、「私ならこうしたい」ということで授業書の原案を提出したのであろうとボクは推測しています。

さて、この授業書は「第1部：磁石の性質」「第2部：磁針と南北の方向」「第3部：磁石の正体」の3部からなっています。

第1部の「磁石の性質」では、磁石についてのもっとも基本的な性質、つまり、①すべての磁石は鉄・ニッケルなど特別な金属だけを引きつけること、②磁石には2つの極があって、同極どうしは反ぱつし異極は引き合うこと、③磁石で針をこすると磁石にすることができること——を、とり上げます。

第2部では、④自由に動けるようにしておけば磁石は南北を

さすこと，⑤磁石はもともと鉱物であったこと，⑥磁針が南北の方向をさすのは地球が磁石であるということを明らかにし，第3部「磁石の正体」では，⑦磁石をいくら分割してもそれぞれ磁石であって，つねにN・S両極をもっていることを明らかにし，分子磁石の話にもちこむ，という構成です。

これを先ほどの教科書でのとり上げ方と比べてみると，教科書では⑤⑥⑦がまったく抜けています。ところが，《磁石》の授業を受けた子どもたちの感想文を見ると，この抜けている部分の内容に彼らは強い興味を示しているのです。この事実は，授業の内容・構成を考える上で極めて重要なことではないでしょうか。

たとえば，どんな磁石でも自由に動けるようにしておけばN極は必ず北を向いてとまる。なぜそうなるかは，これはギルバートに限らず気になることでしょう。したがって，その点を意識的にとりあげ，「地球が磁石なんだ」ということを子どもたちにとらえさせるように授業を組み立てることは，ある意味では当り前のこととも言えるでしょう。

ところが，その，「子どもがもっとも興味を示す内容」について，教科書はまったくふれていません。それは「目に見えないもの・手で触れられないものは教えない」という教科書ライターの変な思いやりによるものかもしれません。あるいは，「そんなむずかしいことは小学生にわかるはずがない」と，勝手に思いこんでのことでしょうか。そんな変な思いやり・思いこみに惑わされて，そのために豊かなイメージを欲求する子どもたちの心がとらえ切れないでいるとすれば，教師としてこれほど残念なことはありません。

子どもたちが強い関心を示すことでも、「目に見えないもの・手で触れられないものは、むずかしすぎて、わかるはずがない」のでしょうか。授業書《磁石》では、それをどのように処理しているのか、実際の授業の中身にふれながら、考えてゆくことにします。

4．授業書《磁石》の授業の実際

先に、「《磁石》の授業のすばらしさの秘密は、①磁石作り、②石の磁石（慈石）と地球磁石の考え、③磁石の正体・分子磁石の考えの3つの内容が有効にからみ合っているところにある」と書きました。そこで、ここではその①②③それぞれについて、もう少し具体的にとりあげることにします。

(1) 磁石作りの楽しさについて

磁石作りを含む第1部の授業を終えたときの子どもたちの感想と、授業全体を終えたときの感想とを比べてみると、次のようです。

楽しさ	第1部	全体	よくわかったか	第1部	全体
大変楽しかった	13人 →	23人	大変よくわかった	6人 →	15人
楽しかった	20 →	10	よくわかった	15 →	16
ふつう	2 →	2	ふつう	14 →	4
楽しくなかった	0 →	0	よくわからなかった	0 →	0

第1部を終えたとき、「よくわかったか」という問いに対して〈ふつう〉と答えた者が14人、クラスの3分の1強を占めています。それに対して「楽しさ」は〈ふつう〉が2人だけです。つまり、「磁石作り」はそれほどに楽しいのです。だからこそ、

教科書でも授業書でも1つの中心的な内容として位置づけられているのでしょう。

しかし教科書では，その内容の8割程度がこの部分（授業書の第1部の内容）なのです。先の表で，《磁石》の授業全体が終了した後では，「わかり方」について〈ふつう〉が14人から4人に大きく減っています。授業書の第2部・第3部の有効性がはっきりと示されているのです。そうしたことを考え合わせると，「教科書をもとにした磁石の授業では，3分の1強の子どもたちには〈わかった〉という感激を味あわせることは無理である」という予想ができるのではないでしょうか。

(2) 石の磁石をとり上げる理由

磁石といえば棒磁石とかU字型磁石，最近はフェライト磁石など，さまざまな形のものがありますが，どれも人工的に作られたものである点では同じです。ですから，天然の石の磁石（慈石）の存在を知らせることは，磁石についてのイメージを広げるのに有効です。そこで，お話「磁石の昔ばなし」「ギルバート先生の研究——磁石のはりはなぜ北をさすか」の前に，次のような問題を入れてみました。

〔質問〕
　鉄をよくすいつけるこの磁石の石・磁鉄鉱にも，N極やS極があると思いますか。
　予　想
ア．石の磁石にもN極・S極がちゃんとある。
イ．N極とS極がごちゃごちゃにまざっていてわからない。
ウ．石の磁石にはN極やS極はない。

子どもたちの予想は次のようです。

　　　ア――10人　　イ――16人　　ウ――9人

　理由を聞いてみると、ア（極はある）の高須さんは、「釘をたくさんすいつけるのは磁石だからで、N・Sが決まっている」といいました。イ（ごちゃまぜ）の神谷さんは、「これも鉄をすいつけるから磁石で、どこでもくっつくからN極もS極もぐちゃぐちゃにまざっていると思う。それに石はわれているし、もしSとNが決まっていたとしたら、SばっかりとかNばっかりのもあると思う」。ウ（極はない）の伊藤君は「磁鉄鉱は磁石だけど、鉄をすいつけるだけでN・Sはない」ということでした。

　調べてみると、その結果はアです。磁石の石にもN・Sが決まっており、発泡スチロールの上に乗せて水面に浮かべれば、決まって一方のはしが北を向いて止まります。

　山から掘り出されるこのように自然の磁石の石の存在は、子どもたちにとって大変興味のあることです。そして授業書はこのことを伏線として、「磁針のN極はなぜ北をさすか。――それは地球が磁石であり北極がS極だからなんだ」という話に子どもたちを誘い込み、彼らの磁石に対する夢を広げていきます。

(3)「磁石の正体」をとらえさせる論理

　昭和51年検定の教科書（大日本図書、執筆当時使用）の中にも「磁石の極を切りとったらどうなるか」という内容がありますが、それは単に磁石の不思議さを知らせる１つの例として出されているにすぎず、磁石の本質を見つめさせようとする授業書のとり上げ方とはずいぶんちがいます。授業書では次のような一連の問題が配列されています。

　最初の〔問題１〕は「U字型磁石を２つに折ったらどうなる

か」という問いですが，子どもたちの圧倒的多数（35人中24人）が「もとのところは鉄をひきつけるが，折れ口は鉄をひきつけない」という予想を選んでいます。

続いて〔問題2〕。これは「折れ口は何極でしょう。N極のついている方のかけらは？」というのですが，正しい予想「S極」を選んだ者は11人だけでした。

この2つの問題が子どもたちにすばらしい刺激を与えたことは確かで，たとえばこのときの授業の感想文には次のように書かれていました。

> 「ぼくは2回ともあたらなくてすごくくやしかった。1問目はぜったい自信があった。はじめ鉄がくっつかなかったところが，折ってもくっつくはずがないと思ったからです。でも，くっついてしまいました。ぼくは磁石のひみつがよくわかりました」（石川君）

> 「今日は2回ともだめでくやしい。だけど楽しかった。今度はがんばってあててみようと思う」（木村さん）

〔問題3〕「S極のついている方のかけらの，折れ口のところは何極でしょう」では，全員一致で「N極」と答えています。

続いて，〔問題4〕「2つに折った磁石をさらに2つに折ったらどうなるでしょう」では，予想は次のとおりです。

　ア．どのかけらも磁石になる。　　　　33人
　イ．どのかけらも磁石でなくなる。　　 0
　ウ．磁石でなくなるかけらもある。　　 2

このように，ほとんどの者が正しい予想を選びますが，「ちっちゃなかけらになってしまうと磁石にならない」という意見

も出されます。この「不安」は正しい予想を選んだ者でも少なからず抱いているようです。それならもっと細かく割って見せればいいかというと、ことはそう簡単ではありません。「例外はない」という本質的な理解は、いくらたくさんの現象を見せても得られることではないからです。そこでこの授業書では、次にさっと、「磁石の正体——分子磁石の話」として、科学者の研究成果を読み物として与えてしまいます。問題—予想—討論—実験という過程を通してここまでにつめてくれば、この話も具体的なイメージを描いてとらえることができます。

　ということで、子どもたちに「わかった」という感激をあたえる「楽しさ」を体験させるには、このように、ものの本質に迫るような一連の問題が不可欠だということになるのです。

5. 楽しさをもとにした人間の活力を

　「楽しい授業」のすばらしさが叫ばれる一方で、「楽しい・だ・け・ではいけない」という主張も根強く残っています。ところが、この「楽し・い・だけの授業」というのは、実体としては存在しません。授業であるからには、どうしても「○○が楽しい」という「内容」を切りはなすことはできないからです。その内容の程度が低ければ、「わからない」というよりも、「ばかばかしい」ということになるでしょう。だから、ボクはこれからも「楽しい授業」・だ・けを目標に進んでいきたいと思います。

　最後に、この楽しい授業の「波及効果」を子どもの文で示して終わりにしたいと思います。（これはボクのクラスの宇野淳子さんが、2学期の終業式の日、3・4年生の代表として全校生徒の前で発表したものです）

> 「2学期をふりかえってみて，いろいろなことがありました。その中で私の一番楽しかったのは運動会です。運動会には，ときょうそうやおどりや玉入れなどがありました。その中で，私はときょうそうで一番になりました。そのことがうれしくていつまでも頭に残っています。
>
> それから，私は2学期の勉強では，理科はにがてでしたがすきになってきました。だから3学期になっても，2学期より大すきになっていきたいと思います。でも，理科だけをすきになっても他の科目もがんばらないといけないから，理科もがんばって他の科目もがんばっていきたいと思います。
>
> 今年の2学期はとても楽しくおもしろかったです。3学期も球ぎ大会や学習発表会で楽しくやっていきたいと思います」

じつは，楽しい授業のもっともすばらしい波及効果は，ボクたち教師が「子どもたちのすばらしさを発見できる」ということです。また，これは何も子どもだけに限ったことではありませんが，授業の楽しさを通じて，学習への意欲をかきたてられるということです。

教師と子どもが，「楽しさ」がもたらす心の余裕をもとに人間的な意欲をとりもどすことこそ，現在の教育状況において特に重要なことであると，ボクは思います。

　　＊次ページから，「ちょっと長い追記」がはじまります。

ちょっと長い追記
——あなたへの手紙——

●「ちょっと違う文体」の背景

　以上の文章は，ボクの文をよく知っている人が読むと「いつもとちょっと違う」という感じがしたんじゃないかと思います。少なくともボク自身は「いつもとちがう」感じで書きました。それは「読者」の対象がちがうからです。

　じつは，この「小論」は，市の教育委員会が毎年募集している「教育論文」として書いたものです。この教育委員会公募の論文をボクは毎年出していますが，これまで「佳作」以上に入ったことがありません。今回もよくいって佳作でしょう。

　もう5年ほど前のことになりますが，おもしろいことがありました。市の審査でおっこちた論文を，ほとんどそのまま愛知県教育委員会の公募論文に応募したら「最優秀賞」——論文の評価なんて，こんなもんでしょう。

　あなたが審査員だったら，この論文の運命は？

　　ア．やっぱり佳作ぐらいだろう（ふつう）。
　　イ．絶対に入選する（おもしろかった）。
　　ウ．落として当然（つまらなかった）。　　　（答えは文末に）

●小学生の反応はものたりない！

　ボクは，この《磁石》の授業をやる前から，この授業について何か書くつもりでいました。それは，次のような事情があったからです。

昨年の４月（1979年），ボクは，自分の希望ではなく校長の希望で，はじめて小学生を相手にする生活に入りました。「小学校に変わったところで仮説実験授業はやれるからいいや」とは思っていたものの，やはり中学生相手の仮説実験授業のよさがわすれられず，「なんだこのガキは，つまんない」という気がぬけないまま，半年がすぎてしまいました。

　仮説実験授業を通して知った中学生のすばらしさ……それは何かというと，たとえばボクの大スキな授業書，《力と運動》《電流と磁石》《ばねと力》や《浮力》《もしも原子が見えたなら》や《イオン》……そういう授業を通して知ることのできた彼らの思想の変革のすばらしさでした。

　一方，小学校の３年生はどうだったでしょう。

　１学期に《足は何本？》《にている親子・にてない親子》《空気と水》といった授業書をやりましたが，「なんだ，これでも仮説実験授業といえるのか」というものたりなさ。発言量は多く，感想文でも「たのしい」と書いてくれるけれど，ボクをどきどきさせてくれるようなドラマがないのです。

　これなら何もわざわざ授業書を印刷してやることない。あー，ものたりない。それに，中学校なら少しくらいつまらなくても，一度印刷機にかければ少なくとも３クラス，多ければ５クラスぐらいそのプリントを使ってらくに授業ができるという利点もあるけど，小学校は１クラスぽっきり……。小学校で仮説実験授業をやってる人って，よほどヒマな人か，よほど子どもをダマスことのへたな人じゃなかろうか。

　しかし，そんなことを思ったりする一方で，西尾サークルで目にする竹田美紀子さんや山岸（伊藤）恵さんの小学校でのす

ばらしい授業記録を思いだし，その楽しさをうらやんだりもしていたのです。

●西川さんの小言

 11月のはじめ（1979年），友人の小原茂巳さん（東京・中学校）と奥さんの都さんの3人で，ボクが師匠ときめている西川浩司さんの家へ遊びに行くことになりました。西川さんとは1年以上も会っていなかったので顔を見に行ったのですが，〈もしかしたらボクの今の気持をいい方向に向かわせるキッカケをつかむことができるかもしれない〉という気持も少しはもっていました。

 西川さんをまじえて，4人でいろいろな話をしました。もちろん，ボクの話は「小学生のものたりなさと中学生のすばらしさ」が中心です。それに対して西川さんは言いました。

 「犬塚さん，子どもが〈楽しかった〉と一言書いてくれる，それで満足できないようではダメ。子どもたちがそのある瞬間〈楽しかったな〉と思う，それでいいんだ」「それを〈ものたりない〉とか，なんだかんだ理屈をつけてバカにするなんて，アンタ，仮説実験授業をわかってないな」

 その言葉は，ズシッとボクにひびいてきました。論文の中に書いた「石の磁石もちゃんと南北を向いて止まる」という実験も，このとき西川さんが教えてくれたものです。

 帰りの新幹線の中で小原さんに，「来週から《磁石》の授業をはじめようと思っているけど，この授業に失敗したら，半年か1年間は子どもたちに仮説実験授業をやるのをやめる」と宣言したことを，今もはっきり覚えています。それは，これまで

ボクの中に作り上げてきた仮説実験授業に対する信頼感をつぶしたくなかったからです。

●**授業で気にしたこと**
　というわけで，この《磁石》の授業は，あれこれとかなり気にしながらやりはじめました。その〈気にしたこと〉のいくつかを，ここに書いておきます。

① 理科の授業は毎日１時間ずつやる
　理科の授業は週３時間です。でも，集中的に毎日続けてやったほうが日々の内容が頭の中でつながりやすく，それがまた満足感につながるのではないか。そう思って実行してみました。
② 授業書を１枚ずつ配らず，まとめて先にわたす
　「予習を防ぐために授業書を１枚ずつ配る」という作法は，仮説実験授業でもかなり重視されていることの一つです。しかし，ボクが受け持った小学校の３年生のボウズたちは，配った授業書を紙くずみたいに机の中にねじ込んだり，まわりにほったらかしている。「コノヤロー，せっかくオレが刷ってやったのに」と思い，また，つい過去をふりかえって「中学生はさすがに礼儀正しくて，こんなことはなかったなあ」と思ってしまう。ともかくボクの精神衛生上よくない。そこで，思いきって，まずはじめに第１部だけを，それが終わったら第２部を，そして第３部というように，まとめてわたすことにしました（ファイルさせるが，家には持ち帰らせない）。
　ちょっと心配もしていたのですが，幸いにも「先を読んで予想を当てよう」なんていう者はおらず，まったく問題はなかっ

たようです。1枚ずつ授業書を配ってから問題を全員が考えるまでに要する長い時間もいらなくなり,しかも「コラ,静かにせんか」ということもいわずにすみ,これはよかったと思っています(「誰もがそうするとよい」という意味ではありません)。

③ 磁石セットを全員に買わせる

教材屋がもってくる「教科書準拠」の磁石セットを買わせて,実験はすべて個人にやらせました。「先生,忘れました」というのをなくすためにも,プリントとこのセットは家に持ち帰らせない。

磁石セットを持たせると授業中も磁石で遊んでいるヤツが多いけど,それでもちゃんと聞いているようです。磁石ぐらいは自分のものを持たせた方がいいでしょう。

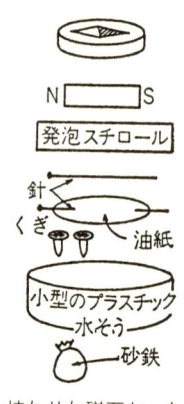

持たせた磁石セット

④ 「ここでは何をやるか」(問題の意味)を明確にしてやる

中学校では,「今日は第3部の〈磁石の正体〉についてやります。ハイ,問題1を読んで予想を立てなさい」といった感じで授業をすすめていた。

それを,たとえばこんな調子に改めたのです。

　「きのう,何やったか覚えてる? ……そう,地球が大きな磁石だっていうこと。それで,地球の北極,白クマさんのいる方が何極? ……そう,S極。だから,磁石のNはその地球のS極に引っぱられて,いつも北を向いているんだよね。

　それで,今日はね,そこに〈3.磁石の正体〉って書い

てあるでしょう。
　〈正体〉ってどういうことかわかる？……（磁石のなかみ）……たとえば，〈みほちゃんの正体〉を知るにはどうしたらいい？（ころして，はらを切る。ふくをぬがす。笑）
　磁石の正体を知るためにはどうするか。まず〔問題１〕を読んでください（問題を読む）。
　……というように，この磁石をバーンとおもい切りたたいて２つにわっちゃう。そうしたら，この磁石はどうなっちゃうだろうか。予想のアは……，イは……」

こんなふうに，「ともかく親切に」を心がける。授業書の中の〈お話〉もその精神で，できるだけわかりやすく解説する。

その他，たとえば〈討論〉などについてはボクの要求水準をぐっと下げて，そのかわり，「少なくとも〈予想と実験〉だけははっきりさせよう」と，気をつけていきました。

以上書いたようなことは，もしかしたら今度の《磁石》の授業の成功には無関係なことであったかも知れません。それに，いくつかのことは小学校で授業を行う上では当然必要なことであり，「今さら何を」というものかも知れません。でも，何しろボクはこの授業で救われたのですから，「授業書の内容のすばらしさ」のほかに，いくらかは，こうしたちょっとした「心づかい」も作用していたのではないかと思い，ここに書いておくことにしたのです。

人間というのは不思議なものです。あれだけメゲていたボクも，たった１つのこの授業の成功によって，「もう，小学生であろうと仮説実験授業は必ずうまくやれる」「オレがやって，

うまくいかないはずがないじゃないか」と思えるほど自信がつきました。ボクは単純です。

学芸会のドサクサが終わったら，《電池と回路》をはじめます。これも絶対に楽しい授業になるはずです。

西川さんありがとう。ボクをシットさせるようなすばらしい記録を提出しつづけてくれる西尾仮説サークルの人たち，仮説実験授業研究会のみなさん，ありがとう。

今年は，ボクの授業の記録を中心としたレポートをたくさん書いていきたいと思います。何しろ，ボクはまだ小学校教師の１年生ですから気楽です。(1980.1.17)

> 以上の原稿を，ボクは仮説実験授業研究会の人たちにまず読んでもらいたくて，はじめて「ボールペン原紙」に書いて印刷しました（それまではロウ原紙に鉄筆でガリガリと書いていた）。その後ボールペン原紙もすぐに姿を消しましたが，当時のボクの原稿には「これでうまく刷れるなら，これからはこの原紙でいろいろなことを書いていきたいです。この方がロウ原紙より楽だし，どこでも——たとえば喫茶店のテーブルの上でも書くことができるので，都合がいい」と付記していました。本文とは関係ないことですが，「教師のための印刷文化史」の資料になるかもしれないので，メモしておきます。

●みずみずしい感覚を——うれしい反応

さて，印刷したものを何人かの人に送ったところ，ホントに久しぶりに，たまらなくうれしい反応をもらうことができました。ボクは，ちょっぴり泣けそうになりました。ボクの大事な宝ものですが，ちょっとだけ見てほしいので，最後にそっと紹介させてもらうことにします。

《磁石》読みました。すてきで、コーフンしちゃって、しばらく眠れなかった。目頭があつくなってきちゃった。よかったね。ここまでたどりつくって、たいへんなことなのよね。私、ずっと待ってたんだ、犬塚さんのこの日を。

　中学の先生が小学校に行って、イライラしない方がおかしい。犬塚さんが満足できる日って3年ぐらい先じゃないか、そんなふうに思ってたの。だって、犬塚さんってわりと気短かでしょ。私、自分がそうだったからすごくわかる。でも、だからこそ、犬塚さんがそこを通りすぎたとき、本当に私たちのことをわかってもらえるんじゃないか、「私たちの犬塚さん」になってもらえるんだって決めてたの。

　4月、小学校に変わったのを聞いたとき冷たい電話しちゃったけど、そのときの犬塚さんの気持ちは聞かなくたってわかってました。だけど、だから私は「小学校の犬塚先生」誕生に、うれしくてならなかったんです。

　小学校の先生って、スマートには生きられないのよね。スマートじゃない犬塚さんの方が好きです。でも、犬塚さんには、あんまり長く小学校にいてほしくない。いてもらってもいいけど、中学の先生の〈さわやかさ〉を失わないで下さい。私たちにないものだと思うから。

　プリントの最後、「教師と子どもが、〈楽しさ〉がもたらす心の余裕をもとに人間的な意欲をとりもどすことこそ、現在の教育情況において特に重要なことであると、ボクは思います」……いい言葉ですね、赤線をひいちゃいました。

　だから「楽しい授業」をしなければならないのね。「ゆとり」って叫ばれてるけど、何もしなけりゃ「ゆとり」が生まれるかっていえば、ちがうんでしょうね、きっと。それ

> にしても西川さんって，とびきりすてきな人ですね。犬塚さんに感動を与えるような〈お説教〉ができるんだもの。犬塚さんを通してみると，ますます西川さんのファンになってしまいます。
> 　　　　　　　　　　　　　　　　　　　　（堀江晴美）
>
> 　　　　　　　　　　　＊
>
> 　「楽しい授業の構造」で，手紙を書きたくなるほどの気分にならせてくれたのは，実は「追記」でした。文体もそうなのですが，『教師6年プラス1年』をつくった時の感情がよみがえりました。あの本の文章とすごく文体が似ているし，うまく表現できないのですが「気分」が似ているように思えます。小学校へかわってよかったな，と思えました。むろん，またいつ中学校へ変わってもいいです。ともかく小学校へかわって何か違うことができたという感じです。「新鮮さをもった〈荒さ〉」〔犬塚の造語〕があるのでしょう。そんなことを思うのは，ボクが『教師6年……』を作ったという感傷があるからかもしれないと思います。「いつもとちょっとちがうじゃないか」「いつもの方が親しみやすいよ」という人もいるでしょう。当然。
> 　でも，今回の文章には，最近よく見かける「アセリ」や「イラダチ」が感じられないので，なにかとてもヤサシイ気持になれるのです。
> 　　　　　　　　　　　　　　　　　　　　（竹内三郎）

　中学の先生を10年以上もやれば，毎年同じようなことばかり教えているのですから，仮説実験授業をやるにしても，やる前から子どもたちの反応がだいたいわかってしまいます。ですから「不安」がだんだんなくなっていきます。「感激の質」を問題にしてしまうようになります。子どもたちに「質の高い感激」

を期待してしまうのです。

　そのこと自体は何も悪いことではなく，それによっていろいろ新しい問いかけをする意欲も生まれてきますが，同時に，「もとの素朴な感激」（新鮮さをもった〈荒さ〉）のすばらしさを忘れていくことになります。ボクはそういう状態ではなかったかと，この堀江さんや竹内さんの手紙を見て強く思いました。

　ですから，十数年を中学校ですごし，はじめて小学校に変わったときは，まさに新卒当時にコワゴワと仮説実験授業をやるのと同じ気持ち──いや，緊張感はそのとき以上でした。

　昔の不安は「知らない」ことによるものでしたが，今回のボクは「小学校のことを知らない」ことに加えて，仮説実験授業や，その授業書で小学校の先生がすごく楽しそうに授業をやっていることをよく知っていました。それだけに，「ホントにこの目の前の子どもたちがよろこんでくれる授業がボクにできるのか」という不安がいっぱいだったのです。仮説実験授業をやればうまくいくに決まっているという気があるからこそ，「もしうまくいかなかったら，ボクはどうしたらいいんだ」と，よけいに不安になってくるのです。

　実際，意気込んではじめた《足は何本》《にている親子・にてない親子》《空気と水》については「授業記録」が書きたくなるような結果ではなかったし，《ものとその重さ》などは，途中でイヤになってやめてしまったくらいですから，これは深刻です。「ボクは仮説実験授業を廃業しなければならないなあ」という気すらしていました。

　この《磁石》の授業は，そんなときにやったものですから，その成功はボクにとって世界を一変させるくらいの意味をもっ

ていたといえるのです。竹内さんのいうように,「教師6年」の頃の不安と感動を再びボクの心の中に芽ばえさせられたことが,うれしいです。

　最後に西川浩司さんからの手紙を紹介させてもらって,「長い追記」をおわることにします。
(1980.2.21)

> 　私のものの見方・考え方といったものは,年とともに感覚的になってきたように思われます。論理的というよりも気持ち優先的というか,気持ちにひっかかるもの,すっきりしないものがあると先に進めなくなったようだし,見た感じ・受けた感じに違和感がなければすっと行動してしまうようなところがだんだん大きくなってきたようです。思考力がにぶってきたのかも知れません。子どもっぽくなってきたのかも知れません。
> 　だから,子どもたちがみずみずしい感覚で,みずみずしい感受性でもってその瞬間を楽しんでくれるような,そんな授業をしたいのです。私たちが仮説実験授業をすばらしいとかぎ出したように,子どもたちも自分を豊かにすると思えば本能的に心を開いてくれるし,興味を示してくれる。そう信じています。そして,そういうことに興味を示した自分の感受性に,楽しみを見出した自分の感覚のすばらしさに満足すると思うのです。
> 　私たちの御主人様〔子どもたち〕の年頃には,そのような感受性豊かな自分の感覚に満足し自信をもつというような経験を豊富に体験するということが一番大切なことではないかと考えています。そしてそのことが,自分が自分の主人公になって生きていく土台になるように思えるのです。板倉先生のあのすばらしい本『砂鉄とじしゃくのなぞ』〔現

> 在，仮説社刊〕によって，こういう考え方に少し自信がつい
> たように思うのです。
>   ところで，犬塚さんは小学校の教師にぴったりの人です。
> 私は28年間も小学校の教師をしていますが，私などの及ぶ
> ところではないとさとりました。「ちょっと長い追記」の中
> にあるあなたの語りかけのすばらしさ，「白クマさんのいる
> 方が何極」などという言葉は，私にはとうてい思いつかな
> い言葉です。「〈正体〉ってどういうことかわかる?」……本
> 当にやさしい先生です。　　　　　　　　　　（西川浩司）

＊前半の「論文」の部分は，1979年11月，花ノ木小学校在職時（37歳）に，西尾市教育委員会の公募に応じて執筆したものですが，入選はしませんでした。ただし，「追記」の部分を含めて，全文が仮説実験授業研究会編『授業科学研究』5巻（仮説社，1980）に掲載されました。

〔短い追記〕

　この「楽しい授業の構造」から次の「管理を〈楽しさ〉で解きはなす」までに5年以上の月日がたっています。この間にボクは小学校での生活にも十分に余裕をとりもどしていて，板倉聖宣講演記録集『科学と教育のために』の編集（季節社，1979）や，仮説実験授業研究会の事務局を引き受けてそのニュースを月刊化し（1982年），83年からは『科学入門教育』（季刊，全12冊，発売：仮説社）の編集・発行……というように，「自分で書く」だけではない仕事をするようになっていました。

　なお，次の「管理を〜」は，「管理教育はあかん」をスローガンにしていた市民団体編集の雑誌『かんかん』3号（ユニテ，1985年9月）に掲載されたものです。

管理を「楽しさ」で解きはなす
—— 仮説実験授業と子どもと教師

●逃げ場を持つ子を育てる

　ボクたちの学校（花ノ木小）では，土曜日の帰りの職員打ち合わせのあと，「土曜スピーチ」というのがある。自分の思いを5分程度で話すのだが，若い人の話を聞くのをボクはけっこう楽しみにしている。若い女の先生など「何を話そうかしら。何も話すことないわ」と気にしているが，どうしてどうして，そういう人に限ってとてもいい話をするのである。

　さて，2月最後の土曜日，そのスピーチ役がボクにまわってきた。タイミングよく，前日の『中日新聞』(1985年2月22日) に「子供の自殺」という素敵な社説がのっていた。そこで，スピーチではこの社説を紹介することにして，そのために，「逃げ場を持つ子を育てる」と題する一枚のガリ刷りを作った。(字下げ部分は，社説の引用)

> 「目的のために死にます」と，中学3年生がいうのはどういうことか。「生きとし生けるものたちへ　充実した生活を送って下さい……私の存在は忘れてほしい」

「目的のために死にます」「充実した生活を送って下さい」「私の存在は忘れてほしい」――15歳の子どもがいう言葉か！大人をなめるな，と思ったが，死んでしまってはしかたがない。

> 原因はさまざまである。本当のことは「わからない」といった方がいいかも知れない。それぞれに"引き金"となったことはあるようだが，そこで個々に責任を追及しても，せんないことのように思われる。

それはそうだろう。

> しかし，一般的にいって，次の二つのことは大人が十分に承知しておいてよい。
> 一つは，子供が自殺しようとするのは普通のことだ，という事実である。たいていの人が，少年期や青春期に死を考える。自分の死がロマンチックなことに思えたり，また，自分が死ぬことによって親や先生を困らせ"仕返し"をしようとする。
> 二つは，しかし子供はめったには自殺しない，という事実である。たいていの子がいつか気がまぎれて，自殺を忘れる。欲求不満のはけ口を持っていて，自殺希求が拡散し，やがて消えるのである。

この「二つの事実」。自殺はいつでも起こりうる，だが「大きな新聞記事」になるほどにしか起こり得ない。

> 統計的にみても，近年，子供の自殺激増の様相はない。激増は四十，五十歳代であって，十九歳以下の自殺カーブはここ数年，横ばいなのである。ニュース面での印象と違う。

ヘェー，ふえてない。激増しているのは四十，五十歳代。子

どもの自殺などを心配する前に、自分自身のことを考えないと危ない。ボクは危険な四十代。

「とはいえ」と社説はつづく。「〈だから安心〉とは、もちろん言えぬ。大人のすべきことがいくつもある」として、最後に教育の現状にふれて社説氏はこう訴える。

> 予供にはけ口を与えることが必須のようだ。いわゆる「できる子」にはそれが少ない。自分で自分を追い詰めて逃げ場を失う。教育とは「できる子」よりも「逃げ場を持つ子」を育てることではないだろうか。

「逃げ場を持つ子を育てる教育」は、きわめて重要だ。しかし、「逃げ場を持つ」ということは、「一時的な〈負け方〉を知る」ということでもあろう。そのためには、〈価値の多様性〉を知らなければならない。だから、子どもたちのまわりに「いろいろな考え方の人間が存在する」ことがどうしても必要だ。

まずは、教師集団が「一色にそまらない」ことが重要なのだ。

ところで、「逃げ場」が必要なのは、人間には「どうしても勝ちたい、守りたい、ゆずれないこと」があるからだ。それをあきらめたくないから、時には逃げる。それは、いずれ勝つための一つの選択なのだから、結局のところ、「勝ち方」を教えることが大事なのだ。「勝ち方」を知らなければ、逃げることは即みじめな敗北でしかなく、人によっては、「それくらいなら」と、自爆・玉砕的な行動をとりたくもなるだろう。

勝ちたかったら、現実の問題に予想をもって問いかけて（行動して）いかなければならない。「予想」である以上、「予想外の結果」もあり得る。そういうときこそ賢くなれるのだ。そうなれば、思いつきの〈予想〉ではなく、法則的な〈仮説〉がた

つようにもなる。

　「何をするにも仮説実験」ということば（板倉聖宣『発想法かるた』仮説社）の意味がわかってくれば、「勝つために元気良く逃げる」こともできるようになるだろう。

●仮説実験授業と子どもたち

　このスピーチの数日後、ボクの教室（5年生）で「授業を見る会」が行われた。この会は「年寄り教師の〈老練の〉授業が見たい」という若い女の先生たちの声で、自主的に始まったものである。今年2回目の今回の授業は、もちろん仮説実験授業である。

　ボクの教師生活は、中学校での13年と小学校での5年だが、仮説実験授業とのつき合いもそれと同じ年数だ。この18年間、仮説実験授業には一度も「裏切られた」という想いがない。浮気性のボクにしては実に不思議なつき合いだ。心をさわやかに、自由にしてくれる。科学と人間を好きにしてくれた。仮説実験授業というのは、ボクにとってそういう存在なのである。

　この授業には、若い女の先生を中心に9人もの人たち（全校の教員数25名）が参加してくれた。5年生の《ふりこと振動》の授業である。

　仮説実験授業とはどんなものかを知っていただくために、この時の授業の様子を紹介しておく。

・問題の提示

　子どもたちの前でふりこが一つゆっくり振れている。配られた授業書に目をやる子どもたち。麻紀さんが問題を読む。

〔問題3〕

　こんどは，2本のふりこにつけるおもりの重さをかえてみましょう。

　一方の重さを，もう一方の重さの約2倍にしておきましょう。

　そして，こんども2本の糸の長さは同じにして振ることにします。

　振り幅を同じにしたとき，AとBとでは，10回の往復にどちらが時間がかかると思いますか。

予　想　10回振れる時間は，
　　ア．重いAの方が時間がかかるだろう。
　　イ．軽いBの方が時間がかかるだろう。
　　ウ．AもBもどちらもほとんど同じだろう。

討　論
　どうしてそうなると思いますか。
　みんなの考えを出しあいましょう。

実　験
　この実験も，問題1と同じやりかたと同じようにやるとよいでしょう。

実験の結果

　　　　　　　　　授業書《ふりこと振動》10〜11ペ　Ⓒ仮説実験授業研究会

　「意味がわからない」と幹伸君。二つのおもり（魚つり用の80号と20号）を取り出して説明する。理科の実験の時だけはとてもやさしい犬塚先生。

管理を「楽しさ」で解きはなす　79

・**予想を聞く**　（時間がかかるのは）
——ア（A）：10人，イ（B）：17人，ウ（同じ）：17人。

・**理由の発展**
——アから理由を聞く。元気よく幹伸君が手をあげる。理科の時間だけはとてもはりきっている彼。

幹伸君　軽い方が動かしやすいけど，重い方は動かしにくいから，重い方が時間がかかると思う。

——自信なさそうに手をあげかけている由香さんを指名。

由香さん　重い方がゆれが少ないから。

正志君　あてずっぽ。

ボク　じゃあ，イの人。女の子からいこう。

友都さん　重い方は空気の抵抗がそんなにないけど，軽い方は空気の抵抗があるから動きにくいから時間がかかる。

美紀さん　計算してやった。

ボク　どんな計算をしたのか，ちょっと見せて。

——黒板に「1÷20，1÷80」と書く美紀さん。

美紀さん　それで，「1÷20」の方が大きいから，軽い方が時間がかかる。

浩君　放課の時にストップウォッチでふりこの動くのを計ったら，軽い方のが時間がかかったから。

　　（教室においてあるふりこを使ってかってにやったようだが，軽いおもりのふりこの糸の長さがたまたま短かったのだ）

大介君　重いおもりの方はいきおいがついてすぐに行ったり来たりするけど，軽い方はいきおいがあまりないから時間がかかると思う。

——続いて,ウの理由を聞く。

陽美さん （ヤッタネ！と一言あって）Aは重くていきおいがつくけど動かしにくいし,Bは軽いからいきおいがないけど,軽いから動かしやすいから,どちらも同じになる。

清志君 重い方は大きいから空気抵抗が大きくて,軽い方は小さいから空気抵抗が小さいから,どちらも同じだと思う。

明宏君 清志君がいったように,Aは重いし大きいから空気抵抗があるけど落ちようとする力が大きくて,軽い方は小さくて空気抵抗が小さいけど落ちる力も小さいという感じなので,速さは同じだと思う。

ボク それぞれの理由が出そろいました。アはどういうのだったかな。

幹伸君 人間でも,重い荷物を持てば動きにくいじゃん。だから……。

清志君 デブは走るのも遅い。

・予想の変更

ボク 今までの理由を聞いてて,予想を変えたい人はいますか。

誠君（アからイに変更）　軽いと空気の抵抗でだんだん力が弱くなっていくと思うから。

純一君（ア→イ）　浩君が実験したといったから。

正志君（ア→イ）　あてずっぽ。（「またか」と笑い）

亨君（ア→イ）　さっき○をうちまちがえた。

——と理由はさまざまだが,アの10人のうち4人がイに変更。

　　　ア：6人,イ：21人,ウ：17人。

・討　論

ボク　じゃあ，少し討論しようか。

大介君（イ）　ウはおかしい。ふりこ時計は重さが変わっちゃうと秒が変わっちゃうから，同じじゃないと思う。

真司君（ウ）　軽いと速いけど風などを受けやすいし，アは重くてあんまりいきおいがつかないから，どちらも同じになると思います。

清志君（ウ）　ふりこ時計でも大きいのと小さいのがあるけど，ちゃんと時間は同じになるから，アやイは違うと思う。

浩君（イ）　今の清志君のいったことはおかしいと思います。ふりこ時計は自然に動くんじゃなくて，機械で動かすんじゃないですか。

清志君（ウ）　でも，手で動かすのもあります。

浩君（イ）　そんなのはすぐ止まっちゃいます。

清志君（ウ）　なかなか止まりません。

──二人とも立ったままでやり合っている。みんなニコニコして見ている。

真司君（ウ）　アとイは違う。ガリレオ・ガリレイの本に，昔ピサの斜塔で重いおもりと軽いおもりを落としたら同時についたから，重さに関係なくスピードは同じだと思います。

幹伸君（ア）　これはふりこなんだから，今の話は落ちる時のことだから違うと思う。

清志君（ウ）　浩君はさっき「実験した」というけど，もしかして１ミクロンでも違うとしたら，どっちかがちょっとでも遅くなっちゃうから，だからアやイは違うと思う。

秀樹君（ウ） 清志君につけ加えるけど，ふりこ時計でも重いのと軽いのがあって，ネジをまわして振らせておけば同じようになるから，ウが正しいと思う。

大介君（イ） 今の秀樹君のことだけど，ふりこ時計は重さがちがっても同じように動くように作ってあるんだから，やっぱり違うと思います。

・予想の変更（2回目）

ボク　実験しようか。その前に，予想を変えたい人はいってください。

麻紀さん（イ→ウ） なんとなくウみたいた気がするから。

由紀さん（ア→ウ） なんか知らんけど……。（ニコニコ）

敦洋君（イ→ウ） 佐藤君やかっつんや沢君がウにいるから。

（みんな，ゲラゲラ）

——最終のトータルは，ア：4人，イ：18人，ウ：22人。アがさらに2人減っただけでなく，イからウに変更する人もいたわけです。ついでに，「〈自分の予想〉に自信のある人」を聞いてみたところ，ア：1人，イ：8人，ウ：7人，でした。

・実　験

ボク　では実験します。重い方を見ていたい人は後ろのふりこを，軽い方を見ていたい人は前のふりこを見てててください。ヨーイ，スタート！　……（「あ，ウだ」）……ストップ！

（教室の前後から同時に，同じ回数を告げる叫び声）

　　同じだ。ウだ。では「実験の結果」を書いてください。

・結果の発表

佐織さん　ウで思った通りだった。おもしろかった。

幸枝さん　はじめはウだと思ったけど，佐和子さんは頭がいいからイだといったのでイにしたら，答えはウだった。（みんな笑う）

正志君　重いのも軽いのもいっしょだった。ちくしょう，間違えちゃった。

誠君　イだと思ったけどウだった。今度はあてよう。

ボク　ハイ，ありがとう。終わります。

──遊びに外へかけ出していく子どもたち。みんな「笑顔で元気」です。

●管理のすばらしさを越える

　仮説実験授業《ふりこと振動》のねらいは，「ものは，それぞれそのものにきまった固有振動をもっている」ということをとらえさせることにある。第1部「ふりこと振動」でふりこの振動を，第2部「ふりこ以外の振動」で音やバネやねじれの振動について，第3部「ものをゆらせる方法」では共振の実験をもとに固有振動の概念を裏打ちするといった内容構成である。

　この授業を見に来てくれた高橋渡先生は，次のような感想をくれた。

> 「授業の一般的な形式のようなものを捨てて，学習させる内容に強く迫った授業のような気がしました」

　仮説実験授業は研究のはじめから「科学上の最も一般的な概念，原理的な法則を教える」ことをねらいにしている。そういった「内容の規定」を見事にいいあてたこの感想には，「して

やったり」の気持ちと同時に「よくぞそこまで見抜いてくれた」という気持ちがわいて，とてもうれしかった。

> 「犬塚先生の授業をはじめて見せてもらいました。先生も子供も伸び伸びしていて，見ていても楽しかった。私ははじめイに〇をつけてしまったのです。元にもどろうとする力が，重い方が軽いものより大きいからと思ってしまったのです。空気の抵抗のことは考えなかったので，子供から出たときハッとしました。最後に実験でふりこを振らせるときはドキドキ。気持ちがふりこに集中しました」

これは，養護教諭の藤村麻子先生だ。

そして，4年生のときに教えていた子どもの姿を書いてくれた加納桃子先生。

> 「大介，浩，亨……自然の姿だと思いました。無理に話させるのではなく，かってに好きでいってる感じがいいですね。誠君ががんばっているので感心しました。清志君は生き生きしてかわいいですね。小林さん（4年の時の担任の先生）に見せてあげたかった。佐織や貴子，成長期で清志みたいにむじゃきになれないものかな。女の子って，つまらないね」

教師1年目の坂口孝子先生は，こう書いてくれた。

> 「とても楽しい授業でした。予想の時〝あてずっぽ〟,〝かん〟とかいっている子たちも，いかにもありえそうな選択肢や，もっともらしい友達の意見に惑わされながら，一生懸命に考えている様子がよくわかりました。途中で予想を変えてもよいという，自由で楽しい雰囲気がいいですね。最初の予想を死守しない，いいかげんともいえる柔軟

さが考えを発展させ，楽しく活発な授業を作っているのだなあと思いました」

次は，鈴木裕子先生。

「子どもの考える時間がたっぷりあっていいですね。私なんか子どもに考えさせずに，いきなり実験。それも時々うまくいかず，"本当はこうなるんだよ，間違えないで"こんな調子です。由香ちゃんも，生き生きと一生懸命でした」

講師の菊枝先生にもよろこんでもらえて，うれしかった。

「1時間の授業がとても短く感じました。私は小学校の時，理科の授業は長くたいくつな時間でした。だから，こんな授業が受けたかったなあと思いました。力不足ながら採用試験，再挑戦を考えています」

科学を教えることが大事だといっても，それを子どもたちがみじめな気持ちでわかったのだとしたら，何にもならない。楽しく科学を学ぶ，楽しい授業を実現することが，仮説実験授業研究（実践）の最大の目標なのだ。「楽しさ」による人間的連帯のすばらしさを知ることによって，はじめて「管理のすばらしさ」を乗り越えることができると，ボクは思っている。

●仮説実験授業と民主主義

これまでボクは，自分の授業について書くことはあっても，それを公表するのは，なんだか自慢になるようで，はずかしく思っていた。今もそういう感じはあるが，しかし，ボクの授業が相対的に見て自慢できるものであるのは，それはボクのすばらしさでなしに，仮説実験授業のすばらしさによるものなのだ。

仮説実験授業研究のすばらしさを多くの人たちに知らせることをはずかしいと思ったりするボクの感情こそ，傲慢なのではないかと思うようになった。

　落ちこぼれ，校内暴力，いじめ……といったじめついた情報ばかり氾濫している。その情報をからっと笑いとばすほどの迫力をもちたい。じめついた情報をじめじめと受け止めた教師が「協同歩調」「全校体制」のカサの中で冷たい「雨」をしのいでいる——そんな情景は，夢にだって見たくない。

　教師は大人，親は大人だ。子どもには勝つに決まっている。圧倒的に勝てるし，勝てなければ「大人」じゃない。なのに，ことさらに「支配する関係」を持ちたがる教師が多い。

　ボクも教師の一人だが，「支配する関係」よりも「いい関係」の方を選ぶ。仮説実験授業をやるのも，子どもたちと「いい関係」を持ちたいというのが大きな理由なのだ。

> 　「仮説実験授業はこの民主主義のもっともむずかしい，〔少数意見の尊重という〕微妙な事柄を感動的な仕方で教えてくれるのです。真理をきめるのは多数決でも教師でもなく，自然現象そのもの，つまり実験であるということに，この授業の圧倒的な強みがあります」（板倉聖宣「民主主義教育としての仮説実験授業」『成城学園初等学校研究紀要』1964。板倉聖宣『科学と方法』季節社，255ペ）
>
> 　「民主主義教育というものは，民主主義とはこういうものだということや，こういうときはこういう心掛けをもたなければならない，という話をしたり討論をさせることよりも，授業自身を民主主義的に運営していくことの中で，本当に生きてくるのではないか，ということです。そうい

> う授業をやれば，子供たちの方が，言葉ではよくあらわせないにしても，教師よりもずっと深く民主主義というものを感じとるようになるでしょう。人間というものはもともと社会的な存在で，民主主義的な協力関係をもちたがっているものなので，そこには何らお説教を必要としないものだと思うのです。
>
> 　　　　　（同上，板倉聖宣『科学と方法』季節社，256〜7ペ）

　民主主義を学びたければ，仮説実験授業をやればよいわけだ。しかし，「仮説実験授業」という固有名詞が重要なわけではない。子どもたちが，①科学を学ぶことが楽しいといい，②科学がよくわかるという。そして，③そういう授業が「熱心な教師なら」だれでも実現できる——そういう，仮説実験授業の三つの研究目標（規準）が「民主主義」を保障しているということが重要なのである。

　仮説実験授業は，1963年に板倉聖宣氏（国立教育研究所物理教育研究室長）によって提唱されたものだが，仮説実験授業の研究は「民主主義的情熱と結びついた科学認識に関する高度の研究によってはじめて行われうるものだ」と氏は言明している。

　「民主主義的情熱と結びついた研究」しか道はない。子どもたちと「楽しさ」を共有し「いい関係」を持ち続けるために仮説実験授業と仲良くしていきたい，とボクは思っている。

　あすも笑顔で学校へ行きます。月刊『たのしい授業』（仮説社）をポケットに。

　＊次の《力と運動》の授業通信・授業案は，中学校にもどってからのもの（2000年）です。

《力と運動》のひととき
—— 授業通信と授業案と

● **授業のはじまり**

　仮説実験授業をやっているときは，学級通信ならぬ「授業通信」を出したくなります。内容は，あるクラスの授業記録だったり，感想文だったり，ボクがふと思いついたことだったりと，形式はきまっていません。

　授業通信なんて「出さなければいけない」というものではありません。ただ，科学を学ぶ中学生の姿があまりにもいきいきとしているので，ボクも「その気」になってしまうのです。

　次に紹介するのは，《力と運動》がはじまってすぐ，1時間目（物体を平面にそって引っ張る場合と，車をつけた場合の力の問題，そして，「まさつ力の話」）が終わったときに配布したものです。通信の1回目は，「仮説実験授業」を紹介するためもあって，毎回ほとんど同じ内容です。

　ここには全時間の授業を紹介することはできないので，最初の授業通信の後に，9時間目にやった公開授業のための「授業案」と，そしてその部分の簡単な記録を紹介することにします。

授業通信「今,このとき」

今,このとき　その①
● 3年2・4・5・7組のみなさんへ

　ファイルの表紙に印刷してあるように,この《力と運動》はボクの一番好きな授業です。西中,鶴中,そしてこの平坂中と,ぼくが3年生の理科を受け持ったときには必ずやってきた授業です。平中では8回目の授業になります。「先生が好きだといったって,私はいや」という人がいるかも知れませんが,しばらくおつき合いください。

　「問題文」を読んで,予想を立て,実験して,どの予想,どういう考えが正しいかを知る。この授業を「仮説実験授業」といいます。こういう授業は小学生のときに,あるいは2年生のとき松崎一崇先生の理科で経験した人もいるでしょう。この授業が成立するためには,「どういう問題か」を知って,そのことについて「自分はどう考えるか」を決めて,予想を選ばないことには始まりません。

　家で予習をして「正しい答え」を発表するわけではありませんから,予想を選んだり,選んだ理由を言ったりするのは勇気がいることです。しかし,これからの社会は「自分の考えをもって,それをみんなの前に出していく」ことが,ますます重要になっています。だから,この授業をしながら,そんなことも学んでいってほしいと思います。

　この《力と運動》では,「授業の内容をどれだけ理解したか」と同じくらいに,「授業で自分の考えを発表できたか」ということを評価します。あと戻りはできないけど,気分だ

けは小学校3〜4年生の頃の自分にもどって,「先生の話を聞く授業」から「自分の考えを出す授業」をもう一度体験してみてください。

「最大静止まさつ力」について考える

　ものを動かそうとすると,動くのを邪魔する力が現れてきます。「まさつ力」です。これは物だけでなく,「人の心」にもあてはまることのようです。新しい動きをはじめようとすると,それを止めようとする力を感じます。だから,これまでの自分を変えようとするには力がいります。「抵抗勢力」は外にあるのでなく,自分の中にあるのです。

　「まさつ力の大きさは,こすり合う面の性質によっていろいろの大きさになる」ように,人もそれぞれの関係によって,まさつ力はいろいろの大きさになるのでしょう。自分を出しやすい雰囲気の中にいれば,まさつ力なんか感じないで,すっと出せるし,そうでないときもある。また,同じ「面の性質」の中にいても,動ける人とそうでない人がいます。動きやすいかどうかというのは,その人の性格の違いかというと,それよりも「動き出したい」というその人の思いの強さ,大きさの違いだとボクは思います。

　そして1人2人と動き出すと,まわりの「面の性質」そのものが変わってくる,これが人間のつながり──クラスとか学校とか組織の面白いところ,楽しいところだと思います。

　誰かを変えようとしても,変わるものではない。そんなの,自分を見ればわかることです。人は自ら変わるものです。楽しみにしています。

(2002.5.24)

《力と運動》のひととき　91

第3学年7組　**理科授業案**
　　　第1時　　第3理科室　　　指導者　犬塚清和

1．単元名　力と運動
2．目　標
（1）力と運動のいろいろな問題について自分の予想をもって問いかけ，考えることの楽しさを味わうことができる。
（2）自分の判断と友だちの考え・科学の論理と対決しながら，力と運動についての根本的な法則をイメージ豊かにとらえることができる。

3．単元のとらえ方と生徒の実態
　仮説実験授業の授業書《力と運動》をもとに展開する。この授業は，ここ数年つづけて3年生に行っているが，子どもたちの評価は高い。この授業の第1部（力と加速度）が終わった段階での3年7組の子どもたちの感想を紹介しておく。
・自分で予想して実験を見るのが楽しかった。予想が違っていても，実験を見て納得できたのでよかった。こんな授業は初めてのような気がして楽しい。（梶田智美）
・実験をして答えを出したので納得がいった。物はどんどん速く転がっていくことが分かった。自分の意見ももてたのでよかったし，楽しかった。（塩澤美香）
・この「力と運動」は好きになれそうだ。地球上のいろんな力や，それによって起こる運動のことがいろいろわかって，おもしろいと思った。（宮地真美）
・はじめはまったく分からずやる気がなかったけど，先生が真剣にやっている姿を見て私もやる気が出てきました。一番分かったのが等加速度です。（稲垣磨美）
・数学の授業っぽいこともしておもしろかった。数学で公式は教え

てもらったけど，実際に自分の目で見て確かめれたので納得できた。(石川あやみ)
・力と運動のところは，法則さえ分かればそれほど難しくないと思った。比例や2乗に比例なども分かりやすく，楽しくできたと思う。(手嶋　翼)

4．活性化の手だて

　授業の活性化の第一の条件は，子どもたちに関心を呼び起こすことのできる内容を具体的に提示できるかにかかる。おもしろそうな，考えてみたくなるような問いを用意することができれば，子どもたちは自然と意欲的になってしまうものだろう。

　自分の言葉で表現してくれることを期待してはいるけれども，予想を立てたその理由をみんなの前で発表することはほとんどない子どもたちだ。だからといって，あせって発言を強要するようなことをしたら，授業の雰囲気は確実に悪くなるであろう。そうなっては元も子もない。

　自分の予想をもって問いかけ，問題と実験を積み重ねていくうちに，考える喜びを感じてくれたらと思う。授業書をもとに，ゆったりと笑顔で授業を展開していきたいと思っている。

5．指導計画 (15時間完了)

・力と加速度……………………………5時間
　(ばねで車を引っぱったときの運動／落下運動の時間・遠さ・距離)
・記録タイマーでの測定とグラフ化……1時間
・慣性の法則と相対性原理……………4時間 (本時3／4)
　(走っている電車の中で物を落としたら／慣性の法則／放物運動)
・質量と力と運動………………………3時間
　(重さの違う物体を落としたら／ばねの振動／ふりこの運動)
・空気中での運動と真空中での運動……2時間
　(大粒の雨と霧雨とではどちらが速いか)

6．本時の学習

（1）目 標
・物体の運動を考えるときの要である「慣性の法則」について理解し，さらに「運動の相対性」についても考えることができる。
・予想をもって問いかけ，楽しく授業に参加することができる。

（2）過 程

時間	学 習 活 動	留意点・活性化の手だて
つかむ ふかめる (15)	〔前時のつづき〕 「飛び出したあと，ビー玉にはどういう力が働いているか」を再び考える。 ・そのまま落とした場合（A）と，水平に打ち出した場合（B）を分けて考えてみる。	・前の時間，何が問題になっていたかを，実験道具を使って，再度確認する。 ・力の矢印を書く。 ・ヒントを出す。 ・もし意見が出ないようだったら，それとなく催促する。
つかむ ふかめる (20)	〔問題7〕同じ速さで走っている電車の中で，ばねじかけのおもちゃの大砲を打ったら……。 ア．走っている向きに打った方が遠くまで飛ぶ。 イ．後ろ向きに打った方が遠くまで飛ぶ。 ウ．どちらも同じ。 ・実験する。	・どういうことを問題にしているかを，手ぶり身ぶりで説明する。 ・「電車の中で見ていたらどうなるか」です。 ・予想を聞く。 　（予想の集計） ・理由を発表してもらう。 ・ヒントにある「電車の外で見ていたらどう見えるか」を考える。
	「地球は自転している」のに，それに気づかない理由は？	・簡単に理由を言ってもらう。 「う～ん，よく分か

ひろげる (15)	・「ガリレイの相対性原理」を読む。	らないけど不思議だ。おもしろいな」と感じてくれればいい。 ・授業の感想を書いてもらう。

(3) 評　価
・楽しく意欲的に授業に参加できたか。(感想文による)

参観者も一緒に楽しくゴー!
● 「思わず拍手!」の巻(9時間目)

　ここ数年,ボクの授業を見に来てくれる人がいますが,そういうとき,ボクはできるだけ「その人」たちにも授業に参加してほしいと思っています。そのほうがボクも楽だし,空気が変わって子どもたちも喜ぶからです。

　この日(2000年5月)は6名の人が授業を見に来ています。(北海道から3人,西尾仮説サークルの人が3人。その中の井上和代さんと渡部みゆきさん〔小学校〕の教え子が,このクラスには何人もいます)

　授業書は〔問題7〕の,「走っている電車の中でおもちゃの大砲を打ったらどう飛ぶか」というところです。
　①の「それを電車の中で見ていたら」の予想は,
　　ア．前の方が遠くまで飛ぶ。　　　3人
　　イ．うしろの方が遠くまで飛ぶ。　2人
　　ウ．どちらも同じ。　　　　　　30人
　②の「それを電車の外で見ていたら」の予想は,

ア．前の方が遠くまで飛ぶ。　　　　20人
イ．うしろの方が遠くまで飛ぶ。　　14人
ウ．どちらも同じ。　　　　　　　　1人

①の「電車の中で見ていたら」の方の理由は「止まっていても走っていても中で見ていたら同じ」というくらいしか出ません。それを考えるにはどうしても「②電車の外で見たら」という視点でないと説明ができないのです。そこで、②の理由を発表してもらうことにしました。

颯田君（イ→ウに変更）
　電車の中でも外でも走ってても、投げる力は同じで、ボールにかかっている力は重力だけだから、どちらも同じように飛ぶと思う。

> 〔問題7〕
> 　こんどは、同じ速さでまっすぐに走っている乗り物の中で、ばねじかけのおもちゃの大砲をうつことにします。
> 　図のように、車の走っている向きに打ったときと、うしろの方に打ったときとでは、どちらの方が遠くとぶと思いますか。
>
> 予想①
> ア．前の方へ打ったときの方が遠くまで飛ぶ。
> イ．うしろの方へ打ったときの方が飛ぶ。
> ウ．どちらもまったくかわらない。
>
> 予想②
> 　打ち出した弾丸を電車の外から見ていたら、どのような飛び方をすると思いますか。

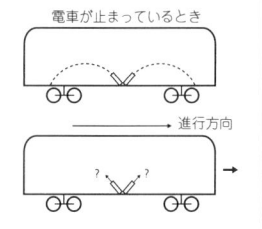

——「マニアック！　これで田中君（はじめはたった一人、ウを予想していた子）の優勝賞金は半額だ」と叫ぶ尾崎君。

千晴さん（イ）　電車は走っているから、それを外で見てるから後ろにたくさん飛んだように見える。

恵子さん（ア）　それは逆で、電車は前に動いているから、慣性の力で、もっと前に飛んでるように見えるんじゃないかと

思う。

理子さん（ア）　走ってる電車の中でそのままビー玉を落としたとき、それを外から見てると前に飛んだように見えるから、この場合は、だから止まっているときよりももっと前に飛ぶように見える。

——「これ、どうやって実験するの。それが問題だ」と叫ぶ尾崎智大君。

ボク　なかなかいい感じできてるから、もうちょっと考えてよ。

長尾君（ア、黒板に図を書いて）電車の中で見てたらこういうふうに、前にも後ろにも同じように飛ぶ。これを外から見てるから、こう（点線）飛ぶ。終わり。

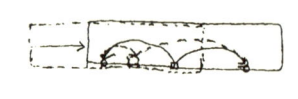

——授業を見ていた斉藤裕子さんが、思わず拍手をおくる。

「もう1回、もう1回言って」と景子さん。「わかる、わかる」と声。

ボク　長尾君の言ったことわかるという人、もう1回説明して。

——亜以子・彩・恵子の3人組が黒板で説明をはじめる。

「大砲はこの位置aから出発してここbまで移動しているから、……打つ前はここにあって、台はここまで来ている。だから、電車の中で見たら同じように飛んでるけど、それを外から見てるから、はじめの位置から遠くへ飛ぶ。

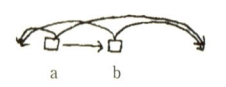

——「わかった、長尾君、頭いいねー」と誰か。

ボク　斉藤さん、長尾君が図を書いたとき一番に拍手したけど、どうしてそんなにうれしかったの？

斉藤さん　だって、よくわかったもん。

《力と運動》のひととき　97

──「何が?」とボク。斉藤先生,黒板の前に来る。子どもたち拍手。図を書きながら説明を始める。

斉藤さん　ほんとは,この白い電車のこのへんに大砲の弾は落ちてるんだよね。弾が落ちたときには,電車はここまで動いてしまうでしょう。そうすると,この黄色の電車のこの感じだと,打った弾はこの位置に落ちる。

　わかってくれる? だから,中で見たらこれだけ飛ぶだけだけど,それを外から見たら,これだけ飛んでるように見える。

──「わかったような,わからんような……」と声。

ボク　今日は北海道から高校の理科の先生も来てます。こういうのを高校生にどう説明するのかな。岸さん,どうぞ。(拍手)

岸広昭さん　どうやって説明しようかね。電車の中で飛ばしたら前でも後ろでも同じように飛ぶってことわかる? (うなずく子どもたち)　そうしたら,最初にここに大砲があって,中にいたら弾は同じだけ飛んでるんだから,大砲はここまで来て,これを外から見ると最初の大砲の位置がここだから,こう飛ぶ。

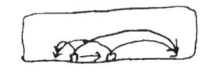

──「うーん」と誰かの声。「早い話,やりゃあいいんだ」と尾崎君。ボクは「そうだよ,やりゃあいいんだよね」と言って,走りながら玉を飛ばしてみる。こんなことやってもわかるわけないけど,これも愛敬。

ボク　秒速10mで走っている電車の中で真下に玉を落としたら0.5秒で床に着きました。これを外から見てると,玉を手から離したところから5m前に落ちた(「それって,前やったでしょう」と誰か)。そう,それを今度は真下でなしに前に打ち

出す。弾を打ち出す弾の速さが秒速50mとすると，電車は秒速10mで走っているから，外から見た弾の速さは50＋10で60m/秒の速さになるから……（数字で説明しはじめたけど，子どもたちの顔を見てアキラメル）。数字で説明するの，やめた。ちょっと待ってて……（と言って理科準備室に消える）。
──「電車を持ってくるらしいよ」と叫ぶ尾崎君。そして「紙電車だ！」と再び叫ぶ尾崎君。こういう子が一人いると，教室が明るくなっていいですね。

ボクは「紙電車」を黒板で動かしながら，点を打っていく。

「あ，なるほど」と誰か。「こんなのでは苦しいか」とボク。「わかった」とうなづく子どもたち。

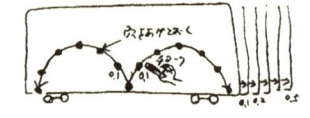

「うーん？！」と言って悩んでいる千晴さん。「千晴，泣くな。世の中，時にはこういうこともあるんだ」と慰めるボク。

授業の感想文はたまにしか書いてもらわないのだけれど，今日は尾崎君から「先生，感想文は？」と声がかかったので，書いてもらうことにしました。

> なんか笑えて楽しかった。ちょっと，電車の中から見たときのは「だまされた！！」って感じだったけど，変更してよかった。結果的には両方とも正解で，めでたしめでたし。理由もよくわかったし。長尾さんの説明〔図〕はケッサクだったね。でも，同時に私も同じこと思いついたりする……。ちくしょう，なんか悔しいぞお。（平岩　彩）

> ヤッター！！　両方とも予想通り。自分では頭の中でわかっていたけど，上手に説明することができなかった。犬塚先生の説明や他の先生の説明などを聞いて，ややこしくな

《力と運動》のひととき　99

っちゃったところもあったけど，最後にはちゃんと理解することができました。(稲垣恵梨)

今日は「Qちゃん」〔渡部みゆき先生のこと〕の前で活躍できたので，それだけで幸せ。Qちゃん以外，知らない人ばかりだったのできんちょうした。(長尾祐樹)

　のときは，最初はよくわからなかった。けど途中で高校の先生が話しをしたとき初めて「あっ」と思いました。やっぱ，高校のセンセーだな。

今日の（も）犬塚先生はいけてると思った。しかも久しぶりに井上〔和代〕先生に会えてよかった。(鶴田雪乃)

次に，この日に2クラスの授業を見に来てくれた先生の感想を2つ紹介して終わりにします。

中3ってかわいいね。中学生が楽しそうに意見を言っている姿を見て，今の小3の子たちと同じだなぁと思いました。かわいいです。

数年前の4年2組を思い出しました。矢田小学校のメンバーの祐樹君や泰典君，敦君や忠儀君や一輝君たちと会えてとっても楽しかったです。祥代ちゃん，佳奈子ちゃん，彩ちゃん，意見を言ってる姿がすっごくかわいかった。いやぁ，中学生，かわいいです。(渡部みゆき)

あーたのしかった。中学生のノーミソもなかなか柔らかくていいね。長尾君の明快な図，すごかったなー。ああいう子がいて，もりあげてくれるたくさんの子がいて，とても正常な中学生だなぁ。中学の先生もいいな。(斉藤裕子)

●第2章のためのミニガイド●

　ボクはずっと,「学級経営には自信がある」と公言してきました。ただし,「教師は子どもとの間に一線を画し,一段上に立って指導すべきである」という立場をかたくなに守っている人たちからしたら,ボクの子どもへの対し方は「問題」であるに違いありません。じっさい,「犬塚さんは,授業はいいけど生徒指導がねえ」と言われ続けてきたのです。

　なのに「自信がある」と言いつづける根拠は,勉強ができる子もできない子も,元気な子もおとなしい子も,その多くが「犬塚先生のクラスでよかった」と言ってくれるからです。特に,集団に影響力の大きい「〈自分〉を率直に出して行動する子」は,いつも強く支持してくれました。

　しかし,そんなことを言うと,「元気なはみ出しっ子の面倒はよくみてるけど,普通の子は,もしかしたら静かな反感を抱いているのではないか」なんて思う人がいるかもしれません。でも,〈それはない〉とボクは確信しています。「普通の子」を守れなければ,「目立つ子」を守ることなどできないからです。

　そのために何をするか……というより,「何をしないか」の方が重要ではないかという気がしています。

第 2 章

〈子ども派〉の学級経営

「学級経営以前」のこと
―― 「イヤな先生」にはなりたくない

●学校に来てもらいたい

 ボクは子どもたちに，ともかく学校に（少なくとも，ボクのいる学校には）来てもらいたいと思っている。子どもは子どもたちの集団の中で多くのことを学んでいくものだ。そこで学ぶことは，親や教師では絶対に教えられないことだ。「朝起きて，学校に来ることがあなたたちの一番の勉強です」と子どもたちには冗談っぽく言っているが，ボクは本気でそう思っている。

 本気で思っているから，それなりの覚悟もしている。

 茶髪だろうがピアスをしていようが，学校に来た子（来ようとしている子）は排除しない。それがボクの〈子どもとのつき合い方〉の第一原則だ。

 学校にはいろんな考えの先生がいるから，ときには「違反服や茶髪の生徒は教室に入れない。授業を受けさせない」ということを学年会で決めたりするが，ボクはそんな決定は受け入れない。校長が命令したとしても，それに従うことはない。それに従うことは，ボク自身が〈教師的な自分〉に負けたことにな

るからだ。

　こういう人間は，短い時間の幅でみれば集団の和を乱す困った存在に違いない。しかし，形として「みんな」で決めたことであっても，その「みんな」の中には，ボクの行動を見て見ぬふりしていてくれる人たち，支持してくれる人たちが必ずいる。そういうことも，自分が自分の原則に従って動いてみてはじめて知ることができたことだ。

●孤独と退屈と押しつけ

　せっかく学校に来てくれても，子ども自身が「自分がそこにいる意味」を感じられなければ，なんにもならない。「学校にいることが楽しい」と子どもたちに思ってもらいたい。「そのために自分ができることは何か」を考える。「学校にいる時間」の大半は授業なのだから，ボクは「授業を楽しく」と考え，仮説実験授業をすることに力をつぎこんでいるのだ。

　しかし，「学校はつまんない」というのは，どんな状況だろうか。

　程度にもよるが，それは「孤独」と「退屈」と「押しつけ」が大きく関係しているに違いないとボクは考えている。

　「授業がわからない」ということは，どうでもいいことではない。しかし，「わからない授業」というのは，まず間違いなく「孤独・退屈・押しつけ」を感じさせる授業だろう。それでも，「わからないんだよね～」ということを明るく言い合える雰囲気が学校の中にあれば，深刻な問題になるはずがない。だいたい，今の学校で教えている内容というのは，「どうでもいいこと」が大部分なのだ。それを「わかる」ほうがおかしく

らいだ。

　というわけで，ボクは「孤独・退屈・押しつけ」に敏感でありたいと思っている。そうでなければ，子どもたちに「学校においで」なんて，恥ずかしくて言えそうもない。

　じつは，ボク自身，組織にしばられるのが嫌いであるのと同時に，孤独にも耐えられない性格なのだ。独りぼっちは嫌だけど，多数派に組み入れられるのもイヤというこの性格は，今も消えてはいない。ボクが「はみ出しっ子」に共感できるのは，そのあたりを彼らと共有していることが大きいのだろうか。

　人間は，ひとりでいるときに孤独を感じるのではない。人がいる中で自分の居場所がなくなったときの孤立感にはいたたまれない。そういう気持ちを子どもが学校や教室で感じたりしたら，「朝，学校へ行こうと思うと腹が痛くなる」のは自然の反応だ。「登校拒否」という言葉がなくなって「不登校」に変わったけれども，体が学校へ行くのを積極的に嫌がっているのだから，「登校拒否」という言葉の方が実態にぴったりするとボクは思う。

　しかし，授業を別にしたら，教師にできることなんて，タカが知れている。タカの知れている範囲でなんとか子どもたちと楽しくすごそうとするボクの行動は，書くと恥ずかしいけれど，〈子どもたちとなれ合っている〉ということかもしれない。

　いくら「孤独・退屈・押しつけ」に敏感でありたいと思っていても，実際にはお互いに「ちょっとマズイこと」がしばしばある。そんなとき，「まあ，しょうがないか」とあきらめあって信頼関係を持ちこたえられる関係を，ボクの乏しい語彙で表現すると〈なれあい〉ということになるのだ。「どうした？

元気ないじゃないか！」などと声をかけるのも「仲間うち」の
あいさつ。「仲間だよね」「だから気にしてるよ」ということが
伝わるだけでいいのだ。

　〈子どもたちとなれ合って〉と聞いただけで，目をむく人が
いることはわかっている。だからほめられようとも思わないが，
子どもの気持ちを無視して大人（教師）たちがなれ合っている
姿を見ると，「子どもとなれあっていたほうが，まだマシでは
ないか」と思ってしまうのだ。

●一方的な押しつけから守る

　ボクは「子どもを守りたい」と言いつづけてきた。しかし，
その意味を誤解する人がいるらしいということに，最近になっ
て気がついた。

　ボクは子どもたちを，「一方的な押しつけ」から守りたいの
だ。

　〈こうすることが正しい〉という形で一方的に子どもたちが
押しつけられることは，見るに忍びない。ボク自身が，そうい
う押しつけには耐えられないからだ。そして，ボクはたまたま
〈学校の先生〉だから，学校や教師の〈押しつけ〉が見える。
それでボクは，〈子どもの心を，学校や教師の押しつけから守
ろう〉と思っているだけなのだ。親なら親の立場，教育学者な
ら教育学者の立場，それぞれの人がその立場なり自分の仕事の
中で〈一方的な押しつけから自分を守る，子どもを守る〉とい
うことを考えていけばいいのだ。

　だれでも，「子どもを守る」ことには反対しない。そして，
「何から守るのか」と言えば，「学校外の社会の悪影響から守る」

というのが常識らしい。だから,「教師は守っている側だ」というのが「言うまでもないこと」になっているらしい。しかし,学校を〈社会〉と別扱いする発想がボクにはよくわからない。学校や教師というのは,子どもたちにとっては一番身近な〈社会〉ではないのか。

　「〈社会の悪影響〉を看板にして何事かを子どもに一方的に押しつける」というのも〈社会の悪影響〉かもしれないのだから,そういうことに子どもたちやボクが反発するというのは,もしかすると正常なことかもしれないのだ。

● 「イヤな先生」と言われないように

　「押しつけ」ということも,人によってずいぶん感じ方が違うようだ。だが,「子どもがいやがること」というのは,どんな子もほとんど違いがない。

　目だった行動をする子も,自分を表に出さずにおとなしくしている子も,先生に気を使ってリーダーとして動いている子も,「そういうの,イヤなんだよ」と反発したくなる感覚は,みんな,ほとんど同じなのだ。「楽しいこと」を求める点でも,みんな同じ。納得できない理由をつけて押しつけられたり,同じことを何度もぐちゃぐちゃ言われたり,暗かったり,結果を他人のせいにしたり……そういうことは,誰でもイヤに決まっている。

　だから,特別のことを「する」までもなく,いやがることを「しない」だけで,子どもたちは安心してくれる。そして,いわゆる「目立つ子」は,そうした雰囲気を敏感に感じ取って,率直に行動で示してくれるのだ。

また，世間体を気にし，それを正しいこととして，しかも「あなたのためよ」と何事かを押しつける大人（親・教師）を子どもは嫌う。子どもたちは，「親や先生は，世間や学校のことよりボク・ワタシの気持ちを一番に考えてくれる人たちだ」という期待をもっているのだから，それは当然のことだ。
　それは，世間を知らない「子どもの甘え」ではない。じつは，親や教師に「大人としての自立」を要求しているのではないだろうか。お父さん自身の，お母さん自身の，先生自身の，「一人の大人としてあなた自身の考えはどうなの？」と，問い求めているのだ。
　だからボクは，つとめて「明るく元気」でいたいと思い，また，一人の人間として自分の思いを子どもたちに語りかけるようにしてきた。
　語りながら，悩みながらその問題を共有する姿勢を持つことで，人間としてのナマのつながりが生まれてくるのではないだろうか。そうすれば，「いい先生」と言われるかどうかわからないとしても，「イヤな先生」と言われたりはしない。惚れてくれなくてもいい，信頼してくれなくてもいいけど，「イヤだ」と言われない教師でいたいと思っている。

●嫌われることに敏感でありたい

　だれだって，子どもに嫌われたくはないだろう。しかし，「教師として，子どもに嫌われても，やらなければ（言わなければ）ならないことがあるのだ！」と，校長や先輩教師たちにいわれたとき，何とこたえるのだろう。
　口ではどういってもいい。だが，「しろ！」というのは他人

の自由。それを聞いて「する」のは自分の自由意志。その違いを忘れないようにしたいと、ボクはいつも思っている。

「子どもに嫌われることをおそれない人」は、決まって「子どもに迎合してはダメだ」「きびしく指導しないと将来が心配だ」と自分との同一歩調を他人に迫ったりする。

だいたい、「子どもに嫌われても教師がやらなければならないこと」なんて、ボクには考えられない。それがホントに大切なことなら、そんな大切なことを教えてくれる人を誰が嫌いになるものか。子どもに嫌われたら、制度上はともかく、原理的には〈教師ではありえない〉ということではないのか。

しかし現在の学校という組織は、「子どもに嫌われても平気な人」を増やす雰囲気をもっている。それが、学校の「不経済・不能率・不誠実」を生み出しているとボクは思う。

「指導」という言葉を「支援」という言葉に変えたところで、実態はなんら変わらない。言葉遊びはもういい。

●自由な時間を確保する

ボクは、学級対抗とかの行事に熱中できるタイプではない。また、新しいお遊びやゲームを子どもたちに教えて一緒にやるということもない。ボクが他の先生と大きく違う点の一つは、「自由な時間」をより多く保証していることだ。

小学校にいたとき、「犬塚先生のクラスの子は外で遊んでばかりいる」と言われたことがあった。漢字や計算ドリルのとき、マルをもらった子から校庭で走り回っていたりしたから、そう見えたのだろう。ボクは「体力づくり」と称していたのだが、子どもたちは当然「遊んでいる」と思っていたはずだ。「ほか

の先生に〈何してる〉って聞かれたら，〈遊んでる〉と言わずに〈自由活動の時間です〉と言いなさい」と教えていたけれども，どのくらいキキメがあったのかはわからない。ただ，この「自由活動の時間」が影響したのか，子どもたちは明るくて元気がよかった。たぶん，退屈することはなかっただろう。

　ボクは小学校では 3 年生 4 年生を受け持つことが多かったが，その後を受け持った先生から，「犬塚先生に担任してもらった子はすぐわかる」とよく言われていた。きっと，「素直な子」に成長していたに違いない。

　「自由時間をたっぷり」という点では，中学校でも同じだ。学活とか学級会などの時間は，校庭で思い思いにテニスやバスケなどを，また運動が苦手な子は日向ぼっこや図書室で読書と，いくつかを選択させてその時間を自由にさせていた。やることがないのに部屋に閉じ込めておくのは，もし自分がそうさせられたら嫌に違いない。こういう「学級担任の裁量」が生かせる時間は，ボク自身の感覚を大事にして使うことにしていた。選択肢を示すことは教師の仕事だが，そのどれを選ぶかは子どもの自由だ。

　「最近の子どもは，みんなで外で遊ぶことをしなくなった」などと嘆くなら，だったらそれができる時間と空間を作ってやればいい。学力低下を心配するより，子どもたちの「社会力低下」の方が深刻な問題だとボクは思っている。

　「学級王国にはならないように」などという言葉が聞かれるようになって，何を寝ボケたことを言ってるんだとボクは思っていた。「学級王国，相互不可侵条約」こそが学級担任としての自立への道だとボクは思っているのだ。学級経営の「経営」

という言葉を素直にとればそういうことではないのか。

　だから,「経営責任」を問われるのも覚悟のうえだ。「クラスの子どもの6割の支持がなければ学級担任を辞める」と「学級経営案」にボクの評価基準を書いたのは20代のときだったけれども,これは若気の至りというわけではなく,その後もずっとボクの心の中に秘めてきた決意である。教科担任だって同じだ。

● 「子どもが好き」だけでは支えきれない

　中学生はボクのことを「やさしい」とか「こわい」とか「いいかげん」とか,じつにいろいろな言葉で語ってくれるが,彼らの共通した評価は「見た目で生徒を判断しない」ということのようだ。「見た目で判断することの多いボク」としては,この評価を不思議に思ったりもするが,それはきっとボクの「目」が,他の先生たちと違うということだと思う。イヌの嫌いな人が犬を見る目と,イヌ好きの人が犬を見る目が違うような,そんな感じではないだろうか。

　これは,けっこう重要なことかもしれない。

　ボクは教育実習のときから,中学生が好きだった。だから,「子ども,特に中学生が好き」という自分に自信を持っている。しかし,「生まれながらの子ども好き」ではなかったのだから,その「自信」は,仮説実験授業によるところが絶大だと考えないわけにいかない。「授業書を使えば,オレも楽しい授業ができる」というのが,ボクのその自信の一番の支えなのだ。仮説実験授業では,「孤独・退屈・押しつけ」を心配する必要がない。そういう心配をする必要のない授業を支えにできるかどうか,それが決定的な違いを生むのだと思う。

しかし，ボクの場合，「仮説実験授業を知る前は子どもから反発されて悲惨だった」というわけではない。それはたぶん，ボクが「先生」という自覚に乏しく，威厳のないことが幸いしたのだろう。押しつけることがまるでできなかったのだ。そこが子どもには好かれていたのだと思う。
　だが，無知のまま「子ども派」でいられる期間は短い。学校という世界は，「子どもを中心」にして動いてはいないからだ。
　ボクは偶然的に出会えた仮説実験授業によって，「授業」という具体的な実践と「教育のあるべき姿とその考え方・思想」を知ることができた。もともとボクの中にあった素朴な「子どもと楽しく」という気持ちは，そのことで強められたのだろう。
　ボクが「子ども派」をはっきりと意識して歩き出したのは「6年プラス1年」後，再び教師になってからだ。その30代のボクの支えだった言葉は「優等生になることを拒否しつつ自信をもって生きる」だった。今思うと，そのころが一番，体制に対して気持ち的につっぱっていた時代だった。それはそれで，中学生には魅力だったのかも知れない。

●教師にできること

　それにしても，教師にできることはタカがしれている。中学生の生活，その行動は，教師がとらえられる範囲を越えている。「あの子はこういう子です」と，その子の全てをつかんでいると思うのは相当おめでたい人。ましてやその子の考えていることやどういうことで傷ついているかなど，わかるはずもない。
　だから，「あなたを見守っています」というメッセージが伝わるだけでいい。時として，ただそれだけのことが，その子

にとってはとても大きな支えになることだってあるのだ。

「いつも笑顔で元気です」を級訓として掲げはじめて20年が経つ。これは「子どもたちに」というより，自分自身への励ましのための言葉だ。だから，自分自身が笑顔と元気がなくなるようなことはしない。強制されそうになったら逃げる。よかれと思ってやったことが，子どもたちに通じないこともあるだろうが，自分が選んで自分で判断したことならアキラメもつく。

子どもたちは優しく，強（したた）かだ。それを，「教師」という仕事を続ける中でボクは学んだ。

板倉さんの次の言葉に，今あらためてボクは深くうなずく。

> 機械は，いつもきめられたとおりに，正確に動く。けれども，ひとはそんなことができない。ひとがひとらしいのは，自分のやることを自分がきめて，たえず失敗しながら，新しい生活をつくりだすことにある。ところが，今日の教育は，しばしば，ひとまでも機械のようにしようとする。だれかに命じられたとおり，正確に早くことをはこぶ「ひと」を作ろうとする。おそるべきことだ。自分で自分の興味・価値基準を創りだして，充実した生活を生みだしうるような人間を育てること，これこそが教育というものではないだろうか。

(板倉聖宣「とびらのことば」『ひと』1973.6月号)

(2003.1.20)

＊次ページから，小中学校あわせて6年度分の「学級経営案」をお見せすることにします（「方針・目標」部分を中心にした抄録）。

ボクの「学級経営案」
――いつも笑顔で元気です

●誰かに伝えたい〈思い〉を書く

　よその学校はどうか知りませんが，学級経営案というのは教科の「年間カリキュラム」と同様に，〈書くだけで後は一切見ない〉というものです。研究授業の指導案の「学習展開」を除いた前文の部分も，これと似たようなものです。学校の書類というのは，こういうものが多いのですね。これが「お役所仕事」と言われるものでしょうか。

　経営方針なんて毎年変わるものではないから前のを写しておけばいい，誰も読まないんだから誰かのものをそのまま写しておけばいいとは思うものの，「ただ写す」というのもさびしいことで，けっこうまじめに〈自分の思い〉を伝えたくなってしまいます。その〈思い〉の中には，「自分がやろうともしていないことを美しい言葉で〈経営案〉に散りばめる教師」に対するボクなりの反発も，いくらかはあります。

　そうしたことを誰に伝えようというのか。もちろんそれは，校長などに，です。

以下に紹介する「学級経営案」は，愛知県西尾市の小学校2校（3年，5年，3年），中学校3校（1年，1年，2年）の計5校の6クラス分ですが，いずれも，「方針・目標」の部分を中心にした抄録です。「こんな書き方もある」という見本ですから，それで十分でしょう。

　ボクの教師生活は福地中学校にはじまり，西尾中・花ノ木小・西尾小・鶴城中，そして平坂中と6校に勤めましたが，どうしても西尾中のときのものだけが見当たりません。7年間いたのですから1つくらいあってもいいはずなのに，きっとこの学校では返してもらえなかったのでしょう。「そうだ，学級経営案というのは出しっぱなしなんだ」と，あらためて気がつきました。

　さて，今回6つの「経営案」を見直して驚いたのは，この中でもっとも若いとき（27歳）に書いたものが一番しっかりしているということでした。じつは，これはすでに『教師6年プラス1年』に収録してあるので今回は省こうかと思ったのですが，「しっかりしているボク」を知らない人もいるだろうと思い，再録することにしました。その後，言いまわしは変わっているものの，あの『教師6年プラス1年』の「わたしの教師論」が，以後の，そして今のボクの「原点」なのです。

　ところで，あなたはどんな「学級経営案」を書いていますか。もしボクが校長なら，その「経営案」をキッカケにして，その先生といろいろな話……必ずしも「学級経営」とか「授業」と限定しないで，「子ども・学校・教育・人生」の話をしたいものだと思います。もちろん，「指導」なんかのためではありません。　　　　　　　　　　　　（以下，年代順に並べてあります）

> 福地中学校　**1年3組 学級経営案**

(1970年4月，27歳。『教師6年プラス1年』仮説社，1972，より再録)

学級経営方針

①個性豊かな生徒に育てる……生徒各自の個性を認めた上で，学級の連帯感を持たせるように指導する。個性と連帯性とは同じレベルのものとは考えない。個性を重んじ，その上で学級の和をはかりたい。

②自主性のある生徒に育てる……生まれつき人間には自主性がそなわっていると考える。逆説的な見方をすれば，学校で教育することによってだんだん自主性はそこなわれていくのではないかとも思われる。大局的に見て「悪」であるということ以外は，彼らの考え・行動を擁護する姿勢で指導したい。

③教師自体の姿勢について……①，②に大きく関連することなので，このことについて私の考えを書いておきたい。

　権威は外から与えられるものではないと考える。たとえば，ただ〈教師〉というだけの権威でもってなされた学級の統一というものがあったとしたら，その「まとまり」は意味のないことだと思う。生徒が教師の顔色を見て行動するとしたら，それは教師として重大なあやまちをおかしていることになる。

　学級内の一つの問題に対して出される生徒の意見は，教師のそれと，同等であると考える。

　教師が生徒を指導するのはもちろんのことであるが，教師

自体も生徒から学びうる姿勢を失うことのないようにすることが大切である。

経営の努力点

生活指導

「交通事故」「どろぼう」「暴力」は絶対にやらないこと。

「おねがい」「ありがとう」「すみません」と、はっきりいえること。

「おはよう」「さようなら」と、気持ちよく言葉がかけられること。

学級経営の評価について

経営の具体的な目標・力点が達成しえたか否かは、教師自身でチェックすることも可能である。ところが1年3組という一つの学級（社会）を総括的に評価するには、生徒個々の主観的な評価を待つよりしかたがない。1年をふりかえって、彼らが自分のクラスに対して「よかった」と判断するかどうかが、学級経営の評価の基準になると考える。だから私は、8割の生徒が「よかった」と自己評価すれば成功だと考えるし、それ以下なら失敗であると、そのように自分を評価したい。

〔追記〕

最後の「評価」の項目は、ボクが（ボクだけが）勝手につくって書いたものです。「子どもたちの6割以上の支持が得られなければ、先生をすぐにやめる、やめるべきだ、やってはいけない」と思っていたし、その気持ちはずっと変わっていません。

最近でこそ「生徒・学生が行う評価」が話題になることがありますが、「そんなことはあたりまえ」にはなっていません。

「子どもの評価ぬき」で「子どものため」という話をするのは、時間のムダというもの。ボクはムダが嫌いです。ボクが「学級経営に自信がある」と言っていられるのは、「子どもの評価」を第一に考えているからなのです。

その後も必ず「評価」の項目をつくって書いていましたが、趣旨は同じなので、以下では省略しています。

花ノ木小学校　3年生 学級経営案

(1980年4月、37歳。もしかすると、1981年、4年生を担任したときのものかもしれない。しかし、どちらにしても、内容はほとんど同じはずだ)

学級の教育目標
　楽しく、笑顔で、元気な子どもに育てる。

目標設定の理由
　人間の主体的な活動の原動力は「楽しさ」以外にない。ところが、集団の中において、この個人にとっての楽しさが他人に対してあたたかさを欠いたものであるならば、それは否定されるべきものである。楽しさと笑顔——これこそが心の元気さを育てるもとになると考えて、上記の目標を設定した。

　学校の教育目標である「明るく、仲よく、力いっぱい」や、学年の教育目標「友だちの意見をよく聞き、力を合わせて楽しく学習や運動のできる子ども」をめざすためには、「笑顔」と「元気さ」をもとにした学級作りが基礎になると思われる。

　この考えをもとに、今年1年間、子どもたちと接することができるように努力していきたい。

生活指導について

・教育実践の先輩たちは「朝」という時間を大切にせよと説く。朝,ニコニコして子どもたちと出会いたい。いい顔で挨拶ができる子ども。

・言い訳をするな。何を聞かれてもだまりこくっている子どもが多くなってきている。この「言い訳」と「だんまり」に対しては厳しく対処していく。

・その他のことについては,その時々で対処するが,子どもたちと気軽に話し合えるような雰囲気をつくっておきたい。

花ノ木小学校　5年3組 学級経営案

(1987年4月, 44歳)

学級経営目標
◎いつも笑顔で元気です

〔経営目標〕は,これだけ。教科などの「具体的目標」欄にも格別のことを書いていないので省略。〈道徳:「社会(集団)」と「自分」との両方が考えられる人間〉〈学級会:学級での自分の役割をきちっと行う〉〈安全:交通安全。自分で自分を守れ〉〈休み時間・放課後:子どもたちと気楽に話し合える時間〉といった調子です。

西尾小学校　3年3組 学級経営案

(1988年4月, 45歳)

学級経営目標
☆「毎日,元気に学校に来てくれればよい」……何かを教える,

指導する，しつけるは，すべてこれを基本に考えていきたい。小学校の子どもは，〈今，生きることがすべて大人への勉強〉であろう。だから，今を元気よく生きてほしいと思う。そのために学校を（その中でも一番多くの時間を占める「授業」を）楽しいものにしたいと思っている。

☆それには，何よりも彼らと一番長い時間を接する教師自身が「笑顔で元気」でなくてはならない。——と自分に言い聞かせながら，子どもたちと〈笑顔が共有できる〉内容を1つでも多く創り出す努力をしていきたいと思っている。

鶴城中学校　　**1年8組 学級経営案**

（1991年6月，48歳。13年ぶりに中学校へもどった年）

学級経営の基本方針

山田詠美の『私は変温動物』というエッセイ集の中に「〈良い先生〉と〈悪い先生〉」という短編がある。彼女は，こう語っている。〔122ページの追記参照〕

> 「私はいつも，生徒を叱る教師を黙って分析する恐ろしい子供だった。そうすることは私に教師を嫌悪させ，それが高じて，私こそ教師にならなくてはいけないと思ってしまったほどである。
>
> 　で，大学で教職を取ったにもかかわらず，なぜか，今は作家になってしまったが，あのころ，怒りをこらえて教師を分析し続けたことが，今，役に立っているように思えて，苦笑いをしたくなる。

> 　私はそのころ，教師を〈良い先生〉と〈悪い先生〉に分類していた。私が思っていた〈良い先生〉とは，子供が大人と同じように悩み苦しむということ，そして子供が大人以上に発達した羞恥心を持っていること，を知っている教師たちである。〈悪い先生〉とは，子供を傷つける言葉がどういうものであるかを知らない，つまり，言葉の選び方を知らない教師たちである」(山田詠美『私は変温動物』新潮社，1988。新潮文庫版1991，25～26ペ)

> 　「その教師は怒りにまかせてうっかりそう言ってしまっただけかもしれない。けれど，子供は大人と同じように傷つくのである。そして，言葉は殴るよりもひどく相手を傷つけることがある。教育者はそれを知ってこそ教育者たり得るのだ」(同，文庫版，27ペ)

教師も生徒も，ゆとりのない中学校であるが，「聞くこと」「待つこと」を大切にして生徒たちに接していくつもりでいる。

学級目標

　　　いつも笑顔で元気です

学級目標にかける願い

人は，「元気であれば学ぶことが多い」のは真理でしょう。
「元気」というのは，〈主体的に生きていく〉ということ。

平坂中学校　２年３組 学級経営案

(1995年4月，52歳)

学級経営目標

（1）生　活
　「いい顔でいなさい」——明るいあいさつができる。
　　　　　　　　　　——友だちと仲良くする。
　　　　　　　　　　——自分の判断に責任を持つ。
（2）学　習
　学校での「授業」を大切にする。
　得意な科目を1つ作る。
（3）道　徳
　相手の気持ちを考えられる子。
　優しい気持ちを行動として表せる子どもになってほしい。
　級　訓
　いつも笑顔で元気です。

学級経営の具体策

（1）学級目標の具体策
　元気に頭や体が動いてくれれば，人間は必ずいい方向に進歩していく。そのために，できるだけストレスが重なっていかないように（そして，できれば，取り除くように）明るい雰囲気を作っていくように気を配っていく。
（2）領域別の具体策
〔個人の適応・生活〕
☆「おもしろい子」「理屈っぽい子」「困っている子を見るとさっと動ける子」「いろいろ気がつく子」「係りの仕事がきちっとできる子」……いろいろなタイプの子たちがそれぞれの良さを認めて，それなりに学級という1つの集団の中で有機的につながりをもてるような（つまり，各自がその組織の中で「存在感」を自覚できるような）関係でありたいと思っている。

☆人間だから「好き」「嫌い」があって当然。それが差別になったり，閉鎖的な少数の仲良し集団につながっていかないように気を配っている。
〔学習活動〕
☆中学校の場合の学習指導は，基本的には「教科担任の責任でやるもの」と考えている。

　ただ，生活と学習とは密接につながりもあるので，元気のなさそうな時は声をかけてやったり，調子のよさそうな時にはほめてやったり……。「元気でやるゾ！」という感じで子どもたちに接している。「勉強は頭でするものじゃない，体で覚えるんだ」と。
〔進路指導〕
☆まだまだ，大まかに，将来の方向をぼんやりとイメージできればいいと思っている。

　「今も，そして将来どういう仕事に進もうが，〈何しろ頭を使え，体を動かせ！〉ば成功する」と伝えている。

〔追記１〕学級経営とか生徒指導について学ぶ本
　学級経営とか生徒指導について学ぶ本として「推薦する一冊」を聞かれたら，ボクは迷うことなく山田詠美の小説『ぼくは勉強ができない』（新潮文庫, 1996）を挙げる。教師が発するどういう言葉が子どもを傷つけるか，どういうふうに接したら気持ちが落ち着いて人を信頼できるようになるかを，この本は教えてくれる。
　その他，特に「小学校の担任をしている人」にぜひ読んでほしいのが，斉藤裕子さんの『Ｉ君日記』（キリン館）だ。

Ｉ君という「超問題児」への裕子先生の対応の様子は，山田詠美の小説以上にドラマチックで楽しい。

　「もう1冊を」と言われれば小原茂巳『授業を楽しむ子どもたち』(仮説社)だ。この本のサブタイトルにある「生活指導なんて困っちゃうな」というメッセージが，ボクはうれしい。「生活指導とか学級経営なんて言われると困っちゃうな」というところから出発しないと，教師自身も子たちも「イライラする学級経営」に陥ってしまうと思うからだ。

〔追記2〕

　平坂中学校では1・2・3年と担任をして，その間に学級通信「なんでもないようなことが」を不定期に出していました。その内容は，井上勝君が編集してくれたボクの本，『なんでもないようなことが』(キリン館，1997)にまとめてあるのですが，そこから何編かを抄録して，134～145ページにのせておきます。

　ところで，上の平坂中学校2年3組の経営案を書いた前年の11月，同じ市内の中学生・大河内清輝君が自殺するという事件がありました。そのことは全国的に報道され，背後にある「いじめ」などの取材で，西尾市にもたくさんの報道陣がつめかけました(ボクも取材された一人です)。

　「何しろ〈身体〉と〈命〉が一番大事」とは以前から口うるさいくらいに言っていたことです。それに，大河内君とは「同じ市内の中学生」という以上の関係がありました。それで，「自分にできることは何か」を考え，次の「〈大河内清輝君の死〉から学んだこと」を書きました。

「大河内清輝君の死」から学んだこと
―― 「イジメの街・西尾」からの便り

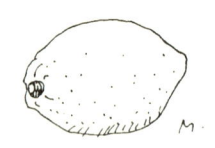

●愛知（西尾）だけが特別なわけではない

　1994年11月27日，愛知県西尾市の中学2年生（13歳），大河内清輝君が自殺をしました。残された遺書には長期にわたる〈いじめ〉の実態が記されていて，テレビ・新聞でも大々的に報道されました。しかし，その遺書には，他人を責める恨みの言葉は一つも書かれていません。すべて自分自身の問題として必死にとらえようとした13歳の彼。「もっと生きたかったけど…」（遺書より）と，これまでのたのしかったことやつらかったこと，お父さんやお母さん，おばあちゃんへの感謝を込めながら死への決断。テレビや新聞には報道されていない「事実」を知れば知るほど，「ほんとによくここまで我慢したね」と彼の写真の前で思うボクです。

　この事件について，ボクは「同じ市内の一教師として」という以上の，特別の関心を持っています。その事情は後で触れますが，とても〈ひとごと〉とは思えません。だから冷静・客観的に意見を述べる自信はないのですが，とりあえず，今ボクの

感じていることを少し書いておこうと思います。

　事件が起こってから，ボクのところにも新聞社やテレビ局など，10件程の取材がありました。「どうして，ボクのところに来たんですか」と聞くと，「西尾で自主的な教育活動をしているのは仮説実験授業にかかわる人たちだけだということで，先生を紹介されました」「自治労（市職の組合）のAさんって，先生の教え子だそうですね」とか，さまざまです。

　彼等の質問の多くは「管理教育」に関することでした。昔はよく「愛知の管理教育」について質問を受けましたが，ここ10年くらいはそういう話題に出会っていません。だから「管理教育」なんて単語は，すっかりボクの意識から消えていました。それに，もともとボクは「管理教育云々」という主張にはそれなりに共感するところはあるものの，そう主張する人たちの行動については「ボクとはやり方が違う」という意識が強くあったので，記者やレポーターからの質問に嬉々とは応えられませんでした。彼らには期待はずれのことだったでしょう。ただ，その中で一人，講談社の月刊『現代』の若い記者・降旗さんは，「元気な中学生の姿を見て記事を書いてほしいから，明日ボクの授業を見に来ませんか」という誘いに乗って，見に来てくれました。それだけが唯一のうれしい取材でした。

　「管理を〈たのしさ〉で解き放す」というのが，ボク自身の実践的スローガンです。だから，管理教育がああだこうだという話につき合うなんて，空しいことです。しかも「愛知（西尾）だけが特別だ」なんて，とうてい思えません。ボク自身の感覚では，「たのしい授業派」の教師集団がしっかりと存在してい

るという点で，西尾は全国的に見ても誇れるとさえ思っているのです。もしかしたら，これは〈ある種の束縛が自由を生み出すこともある〉ということを示すいい例かもしれません。

●「自分の気持ち」を大事にしなければ，「子どもの気持ち」が見えるわけがない

ところが，今回の事件の「学校・教師」の対応の仕方を見ていると，やはりこれは「管理教育」の悪い部分が浮かび上がったのだと思えてなりません。〈ある種の束縛（管理）は，さらに非人間的な束縛を生み出す〉ことも事実のようです。

〈非人間的な束縛〉は「いじめグループ」の姿にも感じることですが，教師の組織にもそれがはっきりと現れているように思えます。というのは，この事件に対する担任などの「個人の姿」が見えてこない（「組織」の姿ばかり目につく）からです。それがボクには一番さみしいことです。

いくら若い教師だとはいえ，いや，若いならなおさらのこと，〈自分〉を出してほしいと思うのに，それが見えてこないというのは，きっと「出したくても出せない雰囲気」なり「指導」があったのでしょう。でも，動揺していて何も言えないほど落ち込んでいるなら，たとえマスコミ（の圧力に抗し切れない学校の責任者）の要求があったとしても，「新聞に発表するため」の手記などは書かないでほしかった。どういう状況があろうと，彼が亡くなった直後に，マスコミ宛てではなく，「彼に宛てて」か，あるいは「彼の保護者に宛てて」自分の気持ちを書かざるを得ない教師であって欲しい。それが「担任」としての最低の「誠意」ではないかと，ボクは思うのです。

「誠意」というのは，自分を押し殺すことではなく，「自分を出すこと」ではないでしょうか。自分を押し殺して「誰か」の要求に従いつづける……それはまさに，清輝君が耐えようとしつづけ，ついに耐えきれなくなったことと同じです。「自分の気持ちを大事にしない教師に，子どもの気持ちを読み取る感覚など育つはずがない」と，ボクは思っています。自分の気持ちより「学校を守る」ことを優先的に考えてばかりいる間に，なんのために守るのかわからない，守るに値しない学校になってしまう（しまった？）のではないかと心配です。

事件が起きて２カ月が過ぎた１月30日の『中日新聞』夕刊に，「教育体制の見直しを──父親が学校に要望書提出」という記事が出ました。その１週間ほど前にボクがお父さんに会った時にも，「事件後に学校側が発表した調査結果の一部に訂正を求めているけれども，明確な答えが返ってこない」ことを嘆いていました。先の新聞記事の中でも「学校の対応には全く誠意が見られず，具体的な行動に踏み切った。親の率直な疑問として受け止め，今後の反省材料にしてもらいたい」と語るお父さんでした。

●イジメはどこにでもある
　──「どこにも救いがない」のが問題

「いじめ」というのは，どこにでもあることです。それを通して人との接し方を学ぶことも多いはずです。でも，今回の事件の背後には，ボクの想像を超えた事実があまりにも多かった。「いじめ」の域を越えたイジメの内容，それに耐えた彼の想像以上の自尊心の強さ，イジメと忍耐の期間の長さ，そしていく

つかの具体的な変化に気づきながらも彼らの中に真剣に入っていく人に一人も出会えなかったこと。それに，彼はいじめグループの中心であった通称「社長」と同じクラス・同じ部活だったことも，「悪い条件」の一つだったでしょう。もしこれらの事実・条件のうちの一つでも抜けていたら，今回のような「死」に至る事件は起きなかったに違いないと，ボクは思います。「どれか一つでも抜けていたら……」という悔しさが残ります。

彼は中学の入学式に〈新入生代表〉として「誓いの言葉」を読みあげ，成績も良くて室長をしていたくらいです。だから，先生の間ではかなり注目されていたに違いありません。2年生になってからの彼の変化も，職員室で話題になっていたことでしょう。

「〈おかしい〉って気になっていたけど，どうしたらいいのか分からなかった」と彼のお母さんはポツリと言ったけれども，もしかすると担任の先生も同じような気持ちだったかもしれません。「2年の2学期になると，一緒に帰るときでも清輝君のほんとうの笑い声がでてこなくなった」と，いじめに加わっていた一人の子が書いていました。清輝君自身も，どうしたらいいのか分からなかったのでしょう。

「遺書を書く前に，どうして〈助けて！〉ってひとこと私に書いてくれなかったのか，……とてもつらいです」というお母さんの声を，ボクも一人の親として痛々しく耳にしました。

● **母親は30年前の教え子**

今回の「いじめによる中学生の自殺事件」がボクにとって人ごとと思えないのは，学校の対応の仕方に同じ教師として苛立

っているということも，もちろんあります。しかし，それよりも大きな個人的な理由があります。それは自殺した清輝君のお母さん（大河内有子さん）が，ボクのかつての教え子だったということです。もう，30年も前のことです。

ボクは大学の４年生になったとき，ボクの出身校でもある今回の事件の「東部中学校」へ，１年間の非常勤講師を頼まれて理科を教えに行きました（今ではこうした制度もありませんが）。中学２年生のそのクラスに，彼女がいました。

もちろん，当時のボクは仮説実験授業なんて知りません。きわめていいかげんな授業をしていたはずです。今でも覚えているのは，カエルの解剖のあと，「今から骨の標本を作る」と言って水酸化ナトリウムの溶液の中に何匹ものカエルを入れて煮たら，標本どころか「ただ〈カエルのごった煮〉ができただけ」といったことくらいです。しかし，このクラスの子たちはボクと気が合っていたらしく，中学を卒業したあとの同級会にも何度か招待してくれました。「授業や生活指導が下手だからいい」というわけではないでしょうが，歳が近いって，それだけで共通する何かがあるのでしょう。

彼女とは10年以上も会っていませんでしたが，数年前に『いつも笑顔で元気です』（キリン館）というボクの本が出たときには，すぐに読んでくれていたようです。「清輝のことで，先生に相談しようかと一瞬は思ったけど……」と後で言われて悔しかったけど，仕方がありません。

ボクが「彼の自殺」を知ったのは，新聞でした。葬式もすんだあとで，テレビで騒ぎ始めたのとほとんど同時でした。でも，そのころにはもう異常な騒ぎになっていて，行くに行かれず，

とりあえず彼女にはお悔やみと元気づけの手紙だけを出しました。

　まわりが少し静かになったら会いに行こうと思っていたのですが，なかなかその機会がつかめず，やっと彼女と会って話をした日の夜，ボクは次のような手紙を書きました。

　有子さんへ
　　会いに行くのに，とても勇気がいりました。ボクはあなたにしかつながりがないし，そのあなたが今回のことで誰よりも一番自分を責めているに違いない。そういうあなたに面と向かって言葉を出せない自分がわかっていたからです。
　　テレビや新聞・雑誌であなたの顔を見るたびに「つらいだろうけど，有子，しっかりしてよ」と思っていました。これまで2度ほど「今日は行こう」と車を近くまで走らせたけど，通り過ぎてしまったボクでした。顔を合わせるのがつらかったのです。
　　清輝君は，自分自身の生きる視点（理想）がボクらの予想を越えていたのかも知れないと思います。清らかだった。でも若くて，それを現実の中で実現する手段が追いつかなかった。だから，もう少し生きてるのを伸ばしていたら，それを彼自身で越えることができたでしょう。そう思えるからとても悔しいです。
　　彼やあなたに何もできないことはわかってはいるけれども，今日あなたと話して，「彼の訴えは無にしない。ボクは教師になってよかった」と，しみじみ思いました。

ボクはこれまで，他の多数の教師とボクが大事にしていることが違うことを一方では気にしつつ，でも「教師としてこれだけはゆずれない」と，校長とか教育委員会の評価よりも子どもの評価を大事にして教師をやって来たと思える自分に自信を持つことができました。これからも，自分の中に「子どもの視点」を枯れさせないようにしていきます。そのために，「自分のすばらしさ・友だちのいいところ」が発見できるような授業をしていくことに力を注いでいきます。

　久しぶりに会ったあなたは，ボクがイメージしてた「杉崎有子」そのままでした。だから，ほっとしました。悲しく思い出してしまうのは仕方がない。あなたが元気に生きていかなければ，彼のあの「優しい訴え」は死んでしまいます。ボクは一人の大人として，そして「教師」として，彼の訴えをボクの中で生かしていきます。

　　（この前の土・日曜日に大阪の町を歩いていたら「白いツリー」が目にとまりました。「ああ，もうすぐクリスマスだな。これを清輝君へプレゼントしよう」と思って買いました。彼の写真の前に飾ってくれて，うれしかったです。ありがとう）　　　　　　　1994.12.21　　犬塚清和

　今回の事件で，「ひっぱたけばイジメなんてなくなる」といった主張も出てはいるけれど，それが主流にはならないだけ，社会もそれなりに進歩してきたということでしょう。それでもまだ，「先生は（悪い子を見ても）ひっぱたいたりしたらすぐクビになる」といったデマが雑誌などで堂々と語られているのが

不思議です。そして，そういうことを口にする教師を見ると実に腹立たしさを覚えるボクです。そこには「その人自身のかかわり方」「その人自身の判断」が欠けている（ごまかしている）からです。「教科書以外のことをやるとクビになる」「指導要領で教えることが決められているから，やりたくても仮説実験授業ができません」という話にも，同じ〈体質〉が感じられます。

　ボクは今，有子さんへの手紙に書いたような〈今できること〉を，〈クラス〉とか〈理科の時間〉とかの小さな世界で，〈子どもの方を向いて仕事をしている自分〉を確認しながらやっていきます。それしかできません。それならできます。

●第3章のためのミニガイド●

　ボクが子どもたちとどんなつきあい方をしているか。それを言葉で表現するのは難しいのですが，しいて言えば，若いときは若者なりに，年をとったら年寄りなりに〈教室のガキ大将でいたい〉という心意気を行動で示していることでしょうか。「ガキ大将」の条件を3つあげるとしたら，「①知恵と②向こう見ずな勇気と③優しさ」ではないかと思っていますが，そんなことを言ったところで，具体的には何も伝わらないでしょう。

　第3章では，単なる「心構え」でなく，「どんなときに，どんなことばを使っているのか」ということを見ていただくために，ボクが発行してきた「学級通信」の一部と，サークルや研究会の若者に向かって書いてきたいくつかの文章を紹介してみることにします。

　なお，そのご担任をもたなくなったのですが，それからのことは157ページ以降をご覧ください。

第 3 章

語りかけることば

中学校のガキ大将として

輝いて！　（1994年4月，1年生）

　入学式の後の，お母さんたちとも一緒の最初の学級での話。1年生は6クラス。どの教室にも，新入生を迎える担任の先生の言葉が黒板に大きく書かれていた。ボクの教室には何も書いてない。

　「今日，あなたたちやお母さんたちに一番ふさわしい言葉を書きます」と言って，ボクは黒板に大きく「輝いて！」と書いた。「あなたたち一人一人が輝いてほしい。そのためのお手伝いをしていきます」と挨拶をしました。そして，「ボクは今年52才になります」と言うと，「エェー？！」っとどよめく。「この学校ではもちろん一番年寄りの担任です。きっと市内の中学校でも，担任の先生としては一番の年寄りでしょう。そんな先生に当たった皆さんは幸せです。……心配ですか？」とつけ加えた。そこでまたどよめきと笑い。

　会が終わった後，「犬塚先生のような先生でよかった」とわざわざ声をかけに来てくれた一人のお母さん。子ども以上に，きっとお母さんの方もいろいろ不安と期待を持ってこの日を迎えていたのでしょう。「なんでもないようなことが幸せだったと思える」ような，気持ちのいい明るい空気が感じられるクラスにするのがボクの願い。

　この3月まで勤めていた鶴城中学校での退任式で，子どもたちと虎舞竜（とらぶりゅう）の「ロード」という歌の一節「なんでもないようなことが幸せだったと思う」って歌い，「これからもいい顔でい

てください」と言ってお別れした。何人かの女の子が花束をくれた。授業と「廊下でのつき合い」だけだったけれども、ボクに「別れ」を意識させてくれた彼らは、いわゆる優等生ではない子どもたちだった。子どもに会うと、なぜかしらホッとする。

シンプルに生きる 　（1994年4月）

　ボクが嫌なのは、何かの注意や指摘を受けたときにすぐ「だって～」って言うやつ。「理由があればちゃんと聞いてあげるから、まずは〈はい〉とか〈すみません〉とか言いなさい」。

　子どもたちは、いい感じ。「いい感じ」というのは〈明るい〉ということ。道徳の時間に「1年5組になって」という題で、感想文を書いてもらった。それを読んで、彼らもボクと同じように感じているのがわかって安心した。

> 　私は、中学生になる前、中学生は大嫌いでした。セーラー服を着て学校へ行くのもいやだし、先輩の指示を聞いてないといけないのも私にとって苦痛です。
>
> 　入学式の日、仲良しの友だちと一緒になりたいという一心で、校門へと足を進めました。体育館で、私は1年5組になったことは確認できたけれど先生はわからず、名前を書いた字を見て予想のつく先生が浮かんだのでがっかりしました。でも、その先生とは違いましたが……。
>
> 　それから数日後、みんなからクラスの先生を聞かれるから答えましたが、私はちょっと自慢できます。先生は、バ

カに評判がいいです。私が「変な先生だよ」と言うと、小学校の先生からは当たり前みたいに「そうかなあ。あの先生は、きれる先生だよ」という返事が返ってきます。特に美樹先生は先生のことをほめて、中1の時の担任だったとか……。このクラスは楽しい。1の5でよかったです。

(京子)

　入学したとき、1の5になって、「このクラスは、いいクラスかなー」と思った。一週間たった今、このクラスはとても快適で、生活しやすいクラスだと思っている。先生も、別に恐ろしいこともないし、中学の先生のイメージをくつがえすようなものだった。いいクラスだ、とてもいいクラスだと思い、一日が終わる。

(恭之)

　まあ、こんな感じでボクと子どもたちとの1日が過ぎていく。やっぱりクラス担任があるといい。1日の生活にリズムがあるからだろうか。授業だけをやっていた2年間もそれなりに「ゆとりと充実」を感じてはいたものの、何かが足りない寂しさを心に抱いていた。「教科の授業だけでは〈教師〉としての80％の関わりしかできないのではないか」と、再び担任を持った今、そんな気がしている。

　もっともよい教師は、子どもと共に笑う。
　もっとも悪い教師は、子どもを笑う。(ニイル)
　「悪い教師」にはなるまい。「いつも笑顔で元気です」がボクのモットー。いろいろ気になることもあるけれど、この線でできるだけシンプルにいきたいと思う。「シンプルに生きるためには、強さと覚悟と知性が必要」だというが、「知性」を高

めるための努力ならいつまでもできる。楽しさを求めて，学びつづけられるのがうれしい。子どもたちの存在は，そのために大きな刺激と力をボクに与え続けてくれるから大事なんだ。

なんでもないようなことが （1994年7月20日）

　「あの子，いい子だな」って思う子がどのクラスにも2～3人はいます。気がきくというのでしょうか，たとえば給食のときに誰か牛乳などをこぼしたらさっと雑巾を取りにいって床を拭いたり，独りぼっちでいる子に声をかけたりしてるのを見ると，その子をボクは抱きしめたくなるくらいうれしくなります。授業でみんなを楽しませたり，テキパキと他の子をリードしたりする能力のある子も頼りになるし，そういうことはないけれども「優しさを行動で出せる能力」を持った子どもにも，ボクは助けられています。これはクラスの運営だけではない，サークルの運営だってそうです。一途につっ走る能力，こまめに動く能力，優しさを行動に移せる能力，……そういう人が一人ずついたら，その組織は気持ちよく動いていくからです。

　元気のいい子のことはクラスのみんなもすぐ分かるだろうけれども，そういう〈目立たない優しい子〉のことをどれくらい気がついているのでしょう。ボクが「あの子，よく気がついていい子だな」と思っているのと子どもたちとの見方がもしかしたら食い違ってはいないでしょうか。〈不安定な年頃の子〉というのは，「エライね，いいことやってくれてうれしいよ」と，

みんなの前でほめられることを嫌がることがあるので，特に女の子にはそれなりに気を使ってしまいます。だから，みんなの前でほめてやろうかなと思っても，口に出さないでニッコリ見ていることが多いのです。

　ボクのクラスに，ボクから見たらそういう「いい子だな」と特に感じる子が3人いました。男1人，女2人です。みんなに向かってその子たちのことを「いい子だ」なんて言えないし，でも，もし他の子が気がついていないなら，ボクが知らせておきたい気もするし，分かっているなら言うまでもないことだし……そんなことを思って，学期末の「通知表」の記入の参考にするための調査項目のひとつに「落ちているゴミを拾ったり，掃除がしっかりできたりするなど，〈あの子はよく気がつくな〉と思える子の名前を2～3人書いてください」というのを入れました。

　その結果，10人以上の子に名前を挙げられた子が男で2人，女で2人いました。ボクはそれを見てうれしくなりました。その中の3人は，ボクの思っていた子と同じだったからです。安心しました。ボクの目は狂っていないし，子どもは信用できるとも思えました。掲示物がはずれているのを直すのも，ゴミを拾うのも，ボクが一番よくやっています。だから時々は明るく嫌みも言うけれども，仕方がない。子どもたちはそれなりにいろいろ忙しいから，気がついていても行動に移せないのでしょう。ま，〈ヒマだったらやってもいいな〉ということさえ思ってくれればそれでいいか。……そんな風にクラスの子どもたちに優しくなれる自分にもうれしくなりました。

　クラスの子どもたちの雰囲気とずれてはいないと感じてはい

たけれども，それを確認できた思いです。だから，「おれは学級経営がうまいんだ」と自信を持ってしまうのです。「忘れ物が多い」「給食の準備が遅い」「落ち着きがない」とか言われているけど，大丈夫。ゆっくり，いろいろ学んでいくに違いないと安心して見ていられます。　　　　　　　　　　(1994.7.20)

学級通信「なんでもないようなことが」

春・夏・秋・冬

　あと2日で2学期は終わります。あなたにとっては，どんな2学期でしたか。

　この2学期を振り返って今，ボクがあなたたちについて感じることの一番は，あなたたち一人一人が精神的にとても成長したということです。子どもから大人へ，体だけでなく心も大きくなったと思えるのはとてもうれしいことです。それは，一人一人が「強くなった」ということです。もちろん，ボクのような年寄りから見ると「もっとちゃんとしてよ。危なっかしいな」と思えるけれども，あなたたちと同じ頃の自分自身を思うと，「エライよ，なかなかなヤツ！」って思えるからです。

＊

　あなたたちも感じていることだろうけれども，きっとボクの方が強く感じていると思うけど，1年5組の人たちの何がいいかといったら〈心のすさんでいる人がいない〉ということです。心がすさむ，心がいやしくなると，それは必ず「弱い者いじめ」とか「人のものをかくす」とか「わけもなくツ

ッかかる，ツンツンする」とかいった行動に現れてくるのですが，そういうことがありません。誰だって自分の都合のいいように他の人たちが動いてくれるのがいいけれども，だからといってそのわがままを無理やり押し通そうとしない。どこかで気がつく。「ごめん！」って，すぐに言葉に出せる人たちが多いのがうれしいです。

　あなたたちの明るさが，ボクは大好きです。「5組の授業はたのしいけど，あまり勉強しない」と言われたりします。そりゃあ，ボクだって「勉強してほしい」と思うけれども，それよりも「たのしい」とか「明るい」という方が絶対上，だからです。

　少しぐらい悪いことをしたってかまわないし，「よくないな」と思ってもしてしまうことってあるものです。イヤなことから逃げたいと思うのは誰もあることですが，だからといってそれを無理やり誰か他の人に押しつけようとしたりしない。「ワル」にはそれなりにかっこ良さを感じることもあるけれども，「イヤシイ人間」は，やだね。

　昔のスリは，金持ちからしか取らなかった。だから，スリにあったりすると「オレも金持ちの仲間に見られた」といって喜んだ，という話を聞いたことがあります。そのために，親分のところに弟子入りして，人を見る目を養ったり，高等なスリの技を磨いたという。ところが，今のスリは，おじいさんやおばあさんから取ったりする。技をみがく努力もしないから，暴力的に集団でやる。こういう，スリのスミにもおけぬみみっちいやつは，やだね。

　今日も，笑顔でいきましょう。

1995年度（2年生）

だから，ほのぼのと生きていたい

　ボクは今，中学2年生の担任をしています。クラスの子どもたちがボクのどんなところを「いいな」と思ってくれているのか知りたいけれども，「いいところを書いてください」なんて聞くのは恥ずかしいことです。

　でも，聞いてみました。「〈犬塚先生のいいところを一口で言ったら，どんなところ〉って聞かれたら，あなたはなんと答えますか」。

　「生徒を信じてくれる」「人を見た目だけで見ないところ」「細かいところを気にせず，ほのぼのと生きているところ」「ちょっとした心配を気にしないで，前向きな先生」「たくさんの先生がいるけど，考え方が違うしおもしろい。悪いことをしても理解してくれるところ」「判断力が優れている」「すべてのことで心の広いところ」「いつも笑顔で私たちを見守っている優しい先生」……クラスの子どもたちが書いてくれた言葉を見ると，「テレビドラマに出てくる先生」になったように錯覚してしまいます。

　じつは，この質問の前に次のような「前座の質問」を設けているのです。「悪かったことなんか思い浮かべなくっていい。〈悪かったことの反省〉なんて適当にして，自分のいいところを見つめて，その姿をイメージしながら自分のいいところをふくらませていくこと。それが〈進歩する〉っていうことです。

そこで教えて。あなたが,〈おっ,いいところがあるんじゃない〉と自分自身で思っていることをあげてください」と聞いたあとで,「ついでに聞いてしまいます。犬塚先生のいいところは……」と続けたのです。

子どもたちが書いている文章から言葉を拾ってみました。

( )の数字は人数

やさしい（12）／おもしろい・たのしい（7）／笑顔・元気・明るい・ほのぼの（7）／細かいことを言わない,気にしない（5）／話しやすい（4）／生徒思い・理解してくれる（4）／プラス思考／ほめてくれる／おごってくれる／他の先生と考え方が違う／判断力が優れている／授業がおもしろい／おこるときにはおこる／心がひろい

でも,ボクは自信がないのです。30年も仮説実験授業とつき合って教師をやってるんだから,もう少し楽にうまくできないものかと思うのですが,なかなか奥が深い。だからいつまでも新鮮に教師という仕事ができるんだ,と思えたりもします。

ボクに自信があるとすれば,普通の先生たちよりも「子どものすばらしさをたくさん知っている」ということです。これは,子どもたちとの仮説実験授業の実践で得た一番の財産です。ボクは,だから「子どもの側」につくことが多くなってしまうのです。

学級通信「なんでもないようなことが」

自主・自治について

自主とか,自治とはどういうことか教えましょう。それは,

簡単なことです。「自主」とは、〈自分の判断で行動する〉ということです。「自治」とは、〈自分たちの行動の結果に責任をもつ〉ということです。自分や自分たちの判断で行動するのですから、その「責任」は判断をした自分なり、自分たちが取るということです。

　あなたたちは今この「自主」とか「自治」ということを学ぶ年代です。学ぶということは、〈いいと思って自主的に判断したのに間違ってしまうことがある〉ということを知ることです。あるいは、〈いいかげんに判断すると困ったことが起こる〉ということを学ぶことです。

　でも、まだ子どもであるあなたたちは、自主的に行動した結果が間違っていたとしても、〈責任をとる〉などと考えるのは大きな間違いです。「マズカッタな」と思えばいい。それを次に生かしていけばいい。それが「学ぶ」ということなのです。

＊

　それにしても、今日、半数以上の人が教科書を間違えて持ってくるとはどういうことですか。前の日の理科の時間に言ったはずです。自分がちゃんと聞いてなかった、ということを棚に上げないでほしい。

　忘れることはあるし、思い違いってあるのが人間です。自分ですべてをちゃんとしようとしても無理です。だから、いい友だちを持ちなさい。いい友だちを持てば自分のミスも少なくなるのです。逆もまた真。

以下、1996年度（3年生）

学級通信「なんでもないようなことが」3年1学期

「受験」のためにこの1年があるんじゃない

　「先生，この組って静かすぎるよ」と藤沢君。最初は，いつもそんなもんだよね。

　「静か」っていうのは，〈落ち着きがあるってこと〉と思えばいいことだし，〈元気なし〉っていうんだったらよくないことだし，いずれにしろそのうちに「正体」が見えてくるでしょう。あわてないで，じっくり眺めていましょう。30年ボクは先生をしているけど，これまで一度も「犬塚先生のクラスって静かですね」とほかの先生から言われたことがないから，3年2組もきっと，ね。

　真面目に生きてください。「真面目に生きる」ってどういうことかと言うと，〈自分の生き生きした姿を追い求めて生きる〉ことです。

　　私の中には，〈起こったことは全部いいことだ説〉っていうのがあるんです。それは，〈いいことだと思わなきゃしょうがない〉っていう姿勢じゃなくて，本当にいいことだと思うの。相手を憎んだり，あいつのせいで私の人生が狂ったと思うのはよくないと思うの。恨むと，自分が楽しかったことやいい思いをしたことを忘れちゃうから。(鷺沢萠「愛しているの」)

　「中学3年生は，受験の年」だからどうのこうのと言う人もいるけど，ボクはみんなにはっきり言っておく。「受験のため」にこの1年があるんじゃない。生まれてから死ぬまで，

その１年１年はその時々の「今の自分自身のため」にあるんだ。ま、「受験が気になる年」ってことは間違いないから、それなりに少しは気にしてやってください。

　何しろ、気持ちよくみんなが学校に来てほしい。そりゃ、誰もみんなわがままだから、ちょっとしたいざこざや、心の痛みも起きることでしょう。そんなの、あって当然。だから、少しは「他人の気持ちになって考えることのできる自分」であってください。

＊

　「あいつはきたねえ」と他の人に思われるようなことはしなさんな。時にはしてしまうけど、その時は「恥ずかしいな」と思ってくれたらうれしいな。たとえば掃除をサボる。それがあたり前なんて、寂しいよ。だって、ちゃんとやってる人がいるから教室もそれなりにきれいになってるんだものね。「ありがとう。言われるように、言うように」っていう標語があるけど、これって、お互いが気持ちよく暮らすために人間が発明した一番の知恵だとボクは思っています。

　「おはよう」「元気か」「さようなら」っていうのも同じ。これさえ言えれば、いい子になれること間違いなし。ほかのことは恥ずかしがってもいいけど、これを言うときだけは恥ずかしがってはだめ。

　ボクは、あなたたちにいろいろお願いしたり、注文をつけることもたくさんあると思うけど、その時には「ま、分かったよ。もしかしたらその方が自分のためかもしれないな」と明るく受け取ってくれたらうれしいです。

　３年生になってはじめてボクのクラスになった、という人が30人くらいいます。ボクのこういう文を読むのも初めて

で戸惑っているかもしれません。これからもこうしてボクの気持ちを伝えますから、つき合ってください。何しろ、元気が一番！です。

学級通信「なんでもないようなことが」抄，3年1学期

授業の受け方の技術

　人間ってそんなにすぐに変わるものではないけど、すぐに変えられることって、いくらでもあります。たとえば、授業の受け方。

　理科の授業で、「誰か、読んでくれませんか」と言ったとき、さっと手を挙げてくれる人がいると、ボクはうれしくなります。そんなことなんか誰だってできる。オレがしなくても、私がしなくても、と思っている人がいるかもしれません。

　でも、そうでしょうか。できるのに、する人はわずかです。順番に当てていけばみんな読めます。でも、自分からする人はわずかです。聞いてればいい、黒板に書いたのを写してればいいなんて退屈じゃないのかな、とボクは思ってしまうのです。

　うなずくとか、「わかんないよ。それ、どういうこと」って言うとかね、あなたたちからの反応が返ってこないと、先生の気も入らないんだよ。あなたたちだって、自分が伝えようとしてることをその人がいいかげんに聞いてたとしたら、話す気にならなくなってしまうでしょ。先生は教えるのが商売だからそれなりに仕事としてはするけど、反応があればあ

るほど，教えることに気が入ってしまうものなのです。

　あなたができることをしてください。それが「前向きに生きる」ということです。〈エネルギーの出し惜しみをしていると，新しいエネルギーが生まれてこない。それが自分にとって一番危険なことだ〉と気づいてほしい。「間違うことより，迷って流されることこそ恐れよ」とは，ボクの友だちで以前広島大学の先生だった城雄二さん。

　何しろ，「退屈」なのが一番の敵です。自分で自分を退屈にしてしまわないようにしてください。

学級通信「なんでもないようなことが」抄，3年1学期

二つの世界

　ひろ君たちの行動に，困っている先生がいます。ボクも少しは困ることもありますが，「百人いれば百人の生き方がある」と思っていますから，あなた自身が，彼あるいは彼らに対して「こんなことでとても困っている」ということがなければ，彼ら自身の成長と心の変化に期待しながら，それなりに見守っていきたいと思っているボクです。

　きっと，困っているのは，先生とかではなくて彼ら自身，彼ら一人一人がそれぞれに一番自分に，そして相手に困っているのではないかと思っています。大した理由もなくただはみ出しているその快感——これは若者に特有な一つの典型的な行動ではあるけれども（これを「理由なき反抗」とも言う），ボクからしたら「わかったよ，早くそこから抜け出してよ」

と思うばかりです。

　すそのちぎれたズボン，あれを見て「美しい」なんて思えないけれども，でもそういうのに憧れる気持ちを否定する気はボクにはありません。

　ひろ君がクラスにいるのに，ボクがこんな事を書いて，彼，困っちゃうかもしれません。でも，彼はそんなことでは怒ったりしないと信じています。だって，ボクは彼が好きなんだもの。彼はあなたたちに，もう一つの世界を教えてくれる，得難い人だとも思っているのです。

1996年度（3年生2学期）

学級通信「なんでもないようなことが」3年2学期

「甘い」ですか？

　「犬塚先生は，生徒に甘い」と言われます。これは今に始まったことではありません。先生になってからずっと一貫して言われ続けてきました。「生徒に甘い」と，現れてくる現象が二つあります。「遅刻が多くなる」ことと，「ドリルの時間がうるさくなる」ことです。これは困るといえば困りますが，だからといって，生徒に甘いと「万引きが多くなる」とか，「勉強ができなくなる」「いじめが多くなる」といったことは，絶対にありません。だからボクは，困ったりしないのです。

　それなら，「甘い」と何かいいことがあるかというと，はて？　と考えてしまいます。何がいいか，具体的には浮かん

でこないけど,悪くはない。しいていえば「空気が明るい」「フワッとしている」ということかな。これも,あなたたちを信頼してるからできることです。なんでもないようなことだけど,これが大事なことだとボクは思っています。

＊

2学期もちょうど真ん中。高校の体験入学に参加したり,「あんた,どうするの。勉強しないと行くところがなくなるよ」という声が聞こえてきたり,「あ～あ,入試・入試とうるさいわね～,私が受けるんだからほっといてよ」と心の中で叫びながらも時は過ぎていく。どんどん過ぎていくから,いいんですよね,時が止まったら大変。

学級通信「なんでもないようなことが」3年2学期

自己責任の時代

突然怒りだして,ごめんなさい。「遅刻者が多いから,今日の帰りに45分間の草取り」という声を偶然耳にしたとき,誰が決めたのか知らないけど,それはあんまりではないか,そんなことは「担任」としてさせない,と瞬間的に思ったボクでした。

ボクはもともと,こうした「連帯責任」みたいなやり方が嫌いなのです。もし,ボクが直接関係する場でそうした意見が出たら必ず反対してきました。だって,そうでしょ。「遅刻する,しない」ということは個人の問題であって,クラスの他の人には全く関係のないことだもの。それを「クラス全

体の責任」にされたりすると，お互いの人間関係がぎくしゃくして悪くなることは間違いないからです。ボクは，それが一番嫌なことです。

　江戸時代には「五人組制度」というものがありました。誰か一人が悪いことをすると，ほかの人たちも責任を負わされたのです。

　今は，そういう封建的な社会ではありません。民主主義の社会です。一人一人が，自分の責任で事にあたっていくことを前提にして成り立っている社会です。

＊

　この前，みんなで「窓拭き」をしました。誰ひとり，やらずに帰った子はいなかったし，楽しそうにワイワイ言いながらやっていました。あの雰囲気を大事にしたいのです。もし今日，決まり通りに掃除を45分間やったらどうなったと思いますか。気持ちよく最後までやることのできる人など，誰ひとりいなかったでしょう。

　そういう予想が立つのに，「生活専門委員会で決まったことだから」という理由でやらせることに黙っているわけにはいきませんでした。ボクは，あなたたちみんなが，それぞれいろいろなことがあるにしても，気持ちよくこのクラスの人でいられるために，ボクなりに気を使っているつもりです。それは，ただあなたたちのためにということではなくて，担任の教師としてボク自身が楽しく過ごしたいからです。わかってくれます？　級長の外山君，杉浦さんには「級長会でこの案が出たときに反対したのか」と突然きついことを言ってしまったけど，悪く取らないでください。ボクも，反省しています。

> 　帰りの会の後で外山君が,「明日,15分だけ掃除をやってもいいですか」と言いました。級長の立場もあるでしょうから,明日は15分だけつき合ってください。
> 　ここに書いたボクの考えに対して,あなたたちはどう思っているか教えてくれるとうれしいです。

さっそく,「思っていること」を教えてくれる子がいました。

> 　これを読んだとき,「泣くか」と思った。なんかきのうのこととか思い出して,いま先生の気持ちを聞いて感動というか,なんか変なんだけど「あーそうだな」って感じです。これを決めた学活のとき,私は休んでいてよく分からないけど,遅刻してきた人が悪いんであって,みんなには関係ないからみんなは怒る。みんなが怒ると,その遅刻してきた人はこのクラスにいられなくなってしまいそうで。このクラスはいい人ばっかりだから,そういうことはないと思うけど,でもこれが他の先生が決めたのなら私たちは何も言えない立場なんじゃないかなって思います。(真琴)

1996年度（3年生3学期）

学級通信「なんでもないようなことが」抄,3年3学期

うわさにゆれ動かず

「あと○○日」と,卒業が見えるところまできてしまいま

した。卒業後の自分の仕事や近づく高校受験のことで気持ちの落ち着かない人もいることでしょう。これは、誰もが抱く不安。

　でも、口に出すか出さないかの違いはあるにしろ、もしかしたらあなたたち以上に「気にし、不安に」なっているのは、お家の人ではないかと思います。それが時として、「受験生でしょ。そんなにのんびりテレビを見てていいの?!」なんていう言葉になって出てきたりするのです。「うるさいな、わかったわ!」と言い返したりして、何となくまわりの空気が一瞬冷たくなるといった光景は、この時期にありがちなこと。それも、あと少しの辛抱ですから。

*

　「平坂中学校でガラスが百枚ほどわられた」ということを知ったのは夕方、熊本から帰って30分程あとのことでした。
　「リ・リ〜ン。もしもし、先生。テレビのニュースで、学校のガラスがたくさん割られたというのやってるけど、オレらが疑われてるんじゃない」という電話でした。
　「そんなの、はじめて聞いたけど、なんだ」とボク。
　「おれら、絶対にやってない、そんなことしない」
　「そうだよな。おまえら、やるなら堂々とやるし、そんな、こそこそとくだらんことするようなやつじゃないものな。わかった、いますぐに行くから」とボク。

*

　あなたたちが、このガラス事件をテレビか誰かから聞いて、「もしかしたら、あの子たちじゃないか」と一瞬、思った人がいるかもしれません。
　でも、ボクは、そうじゃないと信じています。絶対にそう

じゃない，と言い切っていい！

　割ったやつがいることは確かだけど，それは，あなたたちと一緒にこの3年間，それは同時にボクともこの3年間やってきた3年生の中にはいない，と信じています。

　もし間違っていたら，百万かそれ以上するかもしれないガラス代全部を，ボクが払ってもいいです。人間の信頼って，百万円そこらのものではないものね。

　お金では買えないものがあるのです。「命」と「信用」と「愛」。そうそう，何か月もお金を要求され続けて，百万円近くお金を渡していた清輝君のおばあちゃんがボクに，「清輝は私に一番優しい子だった。三百万でも四百万円取られてもいいから死なないでほしかった」と言われた言葉を，ふと思い出しました。

　きっと，明日，もしまだ知らない人も，この事件を知ることになるでしょう。楽しくない話題です。でもそのとき，へんに詮索しないでほしいのです。

　ときには，学校のガラスの一枚や二枚くらい割りたくなる気持ちになることがあるかも知れません。そう「思う」だけなら，ボクも責めません。でも，それを「行動」に移したらだめです。そんなの，やっぱり，人間として淋しいよ。それでも，もし，どうしてもその気持ちが押さえられなくなったら，ボクにこっそり教えてください。

　くり返してみなさんにお願いします。「こんな事件が起こった，私たちの中学校はへんな学校だ」なんて考えないでください。ちっちゃなことでいい，少しでも他の人たちが気持ちよくなれそうなことで自分でできることをやろう，という気持ちになってくれたらうれしいです。

みんなを見ていると，それができています。ボクは，あなたたちが好きです。あなたたちのいいところを，いくつも見ているからです。

卒業まであとひと月ちょっと。受験とか，いろいろ気になることがそれぞれあるでしょうが，だからこそふらふらせず，根性をすえて，自分自身を「いつも笑顔で元気」にする努力をみんなでやっていきましょう。

*犬塚清和『なんでもないようなことが』（キリン館，増補版2001）には，以上の文章を含めて，このころの文章がまとめられています。

〔付記〕

普通は，このようなメッセージを印刷して朝の会か帰りの会のときに係の子に配ってもらうだけなのですが，このときは子どもたちの気持ちを知りたくて，感想を書いてもらいました。

> ガラスが割られたということを知ったのは，昨日の朝です。それを聞いた瞬間，もしかしたらあの子たちではと思ってしまいました。でも先生の文を読んで，違うんだなと思いました。だから，今は「疑ってすみません」という気持ちです。（宏和）

> ガラスのことに関して，この学年，この学校の人はやってないと信じてるし，絶対にやってないと思う。「ボクはそうじゃないと信じています。絶対にそうじゃない，と言い切っていい！　百万円かそれ以上するかもしれないガラス代全部を払ってもいい」と言ってくれた先生の言葉がす

> ごくうれしかった。先生，何かとありがとう。（弘幸）

日高梢さんという，おとなしい女の子は，こんな感想を書いていた。

> この話，昨日おばあちゃんから聞いた。去年も何回か割られていたけど，100枚以上なので少し驚いた。どこが割れたんだろう，誰がやったんだろうと考えた。父が，「割ったやつは何を考えてるんだ」と言った。でも，世の中いやなことばっかりで，ガラスを割りたくなる気持ちもわかる，と子どもながらに思った。大人は勝手だからネ。
>
> 一瞬，あの人たちかと思った。でも，先生のプリントを読んで，違うかなと考え直した。犬塚先生に電話したのも，何となくわかる。他の先生は，日頃の生活態度からその人たちがやったと決めつけてしまいそう。犬塚先生に電話して，それがもしウソだとしたら，その人たちはもうだめだと思う。あの子たちはそんなに悪くないと思っている。

何枚かの感想文を，「もしかしたら，割ったのはあの人たちかも」の一人，ボクのクラスの東明君に見せました。そのとき一言，「泣けそうになった」と言った彼を，今も思い出します。

「生活指導」に燃えている人は〈特別な子〉を目の敵にして，「そういう子から〈普通の子〉を守ろう」と考えたりします。しかし，守ってもらうはずの〈普通の子〉が，それをとても迷惑に思っていることに気づかないのでしょうか。〈普通の子〉が〈特別な子〉に迷惑をこうむるということも，ないわけではありません。でも，宿命的に彼らは〈仲間〉なのです。だから，

〈特別な子〉にとってイヤなことは，ほとんどの場合，〈普通の子〉にとってもイヤなことなのであり，〈特別な子〉に嫌われるようなことは，〈普通の子〉にも嫌われると考えたほうがいいのです。

　というわけで，〈特別な子だけを守る〉とか，〈普通の子だけを守る〉ということは，できません。〈子どもを守る〉しかないと思うのです。何から？　もちろん，「孤独・退屈・押しつけ」からです。

　ボクの場合，元気のいいワルには，「弱いやつに手を出すな」「クラスの子を困らせるな」「学年の子を困らせるな。ケンカするなら他の学校のやつとやってこい」と，「大物」になることをすすめてきました。「おばあさんが店番しているような駄菓子屋では万引きするな。どうせやるなら大きなスーパーでガードマンと勝負してこい」と言っていたことを思い出します。

*

　上の子どもたちが卒業したのは1997年3月ですが，それ以後，ボクは担任からはずれることになりました。そして1年がたち，また卒業の季節がめぐってきました。

　次の2編は，1998年の3月，やはり卒業式を前に書いたものです。

「ありがとう」の気持ちをこめて

　「今日が最後の理科の授業」というその日の朝，いつもより1時間ほど早く起きて子どもたちへのメッセージを書きました。子どもたちに感想を書いてもらうんだから，「せめてボクからも」ということもありますが，やはり「ありがとう」っていう気持ちを伝えたいからです。それと，やっぱり「ボクからのメッセージ」があるかないかで，子どもたちの書く感想文が違ってくるということを感じるからです。だから毎年そうしています。

元気が一番

●3年2組，4組のみなさんへ

　この1年間，ボクの理科の授業につき合ってくれてありがとう。あと数日で卒業ですね。
　もう慣れてしまったと思うけど，はじめの頃は，ボクのいいかげんさに戸惑っていた人もいたことでしょう。だから，「あなたたちはすてきに成長したんだ」と，ボクは思っています。みんな，いい顔で理科の授業に参加してくれていたからです。
　いろいろな事件があるたびに，「今の中学生は何を考えて

> るのかわからない。困ったものだ」といった声が出ます。でもボクは，あなたたちを見てて「中学生はすてきだな」って思えます。目が澄んでいる，いきいきしてるよね。笑顔がきれいです。
>
> 〈理科なんか勉強して何になる〉と思っている人もいたことでしょう。何にもならないかもしれませんが，でも，何かひとつぐらいは「そういえば，あんなことやったな」って，いつか思い出してくれるとうれしいです。
>
> 「犬塚先生は，先生らしくない」っていう子がいたりしますが，ボクは「もっとも先生らしい」と自分では思っています。「先生らしい」ってどういうことでしょうね。
>
> あなたたちとボクとは，ちょうど40才離れています。40年の歴史の違いはあるけれども，人は楽しく生きるためにこの世の中に生まれてきたのです。悩んだり，困ったりすることもありますが，これからも自分の笑顔を求めて，自分らしく生きていきましょう。
>
> 4組は今日で，2組は明日が最後の理科の授業です。なにしろ，この1年間あなたたちとつき合ってきて，「うん，よかったよ」と思えるボクは，なにしろ幸せです。ありがとう。
>
> 1998年3月3日　　犬塚清和

その3日後に，東京の小原茂巳さんから電話があって，そのときボクは，「今，中3の子どもたちの授業の感想文を読みながら感激してるんだ」って話したら，「その犬塚さんのメッセージが見たいからファックスで送ってよ」と言われました。そ

れで，それを送信するとすぐに，小原さんから次のような「感想」がファックスで届きました。

> ファックスありがとうございます。「元気が一番」──いいですねー。都さん〔奥さん〕に見せたら，「こんなイイ先生，なかなかいないね。陽〔息子〕も，こんな先生と出会えたらいいのになー」なんて言っていました。
> 　子どもたちに心から「ありがとう」と言える先生に感激しました。
> 　そういえば，僕の教え子の栗崎さん（中学校教員として採用）が，新任研の授業研究で仮説実験授業をやったところ，指導主事に「栗崎先生は授業中，たびたび生徒に〈ありがとう〉という言葉を発していたけど，あれはいけませんねー。教師なんだから，生徒に教える立場なんだから，〈ありがとう〉ではなく，〈よくできましたね〉と応えるべきだ」と注意されたそうです。そこで栗崎さんは，「ありがとうと思えたんだから，〈ありがとう〉と応えたわけで，そのどこがいけないのですか」と反論したそうです。
> 　さすが，仮説っ子──たのもしい，すばらしいなーと思えました。
> 　子どもたちに心から〈ありがとう〉と言える授業って，なかなかないのでしょうね。そんなことがあるなんて，信じられないのでしょうね。だから，さっきの指導主事みたいな発言があるのでしょうね。
> 　「子どもたち，ありがとうね」──心底そう思える仮説実験授業に出会えて，僕たちは本当にシアワセ者です。

> 磯貝君の文（後掲「〈本当の自分〉との対面」に収録）にも感動しました。犬塚先生の喜ぶ顔がいっぱい想像できます。すてきな資料，本当にありがとうございました。
>
> 　　　　　　　　　　　1998年3月6日　　小原茂巳

　本当に，先生って，子どもに「ありがとう」って言わない人が多いですね。

　先日，朝の1時間目の授業が始まる少し前に，2年生の一人の男の子と階段で出会いました。「おはよう」とボク。小さな声ですが「おはようございます」と言って通り過ぎていく彼に，突然，はげしい声がかかりました。「あなた，また遅刻なの！ダメじゃないの。起こしてくれる人，誰もいないの」って，彼の担任の女の先生。朝の出会いの最初の一言がこれではね。朝の最初の出会いは，何をおいても元気に「おはよう！」っていう言葉からですよね。それができないヤツは教師失格，とボクは思っています。

　　犬塚清和『凛としてしなやか』下（ガリ本図書館，2002）より抄録。元題「〈先生〉や〈理科〉のイメージが変わる」。

　　次の「〈本当の自分〉との出会い」は，上の「元気が一番」の3日後に書いたものです。犬塚清和『花咲くことは疑わず』（ガリ本図書館，2001）より。

「本当の自分」との対面

　明日は卒業式。気になる公立高校の入試が待ってはいますが、今は「卒業」の雰囲気に浸っている子どもたちです。帰りの会のときに流れる放送。

> 　生徒会副会長の磯貝です。明日は卒業式です。この3年間を振り返ってみると、いろいろなことがありました。楽しかったこと、苦しかったこと、悔しかったこと、いろいろあると思います。その中で本当の自分と対面したり、他人との対面。いろいろな出会いがありました。
> 　ボクは今、こう考えています。——他人なしには自分は輝けない。自分なしに他人は輝けない。
> 　どういうことかというと、自分はいつも他人に世話になっている、一人では生きていけない。他人にいつも感謝しよう。そして、自分が主役じゃなくてもいい、「自分がいるから他人が輝けるんだ」という自信を持とう、ということです。
> 　この3年間を後悔したなあとは自分は思いません。それは、いけないことをしたこともあります。クラスのみんなにも迷惑をかけました。しかし、「いつも前向きに、くよくよしとっちゃいかん。次がんばれ」と笑顔で言ってくださった犬塚先生。いつも笑顔で入りやすい雰囲気を作ってくれてたクラスの仲間。そして、悩みながらも本当の自分

> を見せてくれた担任の鈴木先生。そのほかの先生,みなさんに感謝しています。1,2年生のみなさんも,中学校生活はいつも笑っていられるようにがんばってください。
>
> そして,3年生のみなさん,平坂中学校を卒業して進路はばらばらになってしまうと思いますが,平中卒業生という自信と自覚をもち,これからの人生を歩んでいってください。また集まる時が来ると思います。その時に,みんなと笑顔で思い出話ができたらうれしいです。
>
> 今日の3Sタイムは,少し長めにとります。3年生は3年間の思い出を振り返ってみてはどうでしょう。1,2年生は来年の目標などを考えてみて下さい。それでは,3年生にとっては最後の3Sタイムを始めて下さい。

ボクのいる学校では,帰りの会の時に数分間の「3Sタイム」というのがもうけられています。「3S」というのは生徒会活動の三つの柱「自治・奉仕・誠実」の英語の頭文字をとったものだそうですが,ボクはこの学校へ来てしばらく「サイレントタイム」の略と思っていました。何しろ,800人ほどの生徒がその一瞬だけ静かになります。一日のうちのほんの一瞬,こうした静かな時を共有するのもいいとボクは思いますが,子どもたちは〈なければない方がいい〉と思っているようです。

この「3Sタイム」の前に生徒会からの連絡,級長による「学級紹介」や生徒会役員による生徒会活動の報告などが全校放送で流されたりすることもありましたが,ひと月ほど前からほぼ毎日,生徒会副会長の磯貝良方君による全校生への呼びかけが行われるようになりました。

授業を抜け出して理科準備室でボクと過ごしていることも多い「はみ出しっ子」の彼のことです。校内放送だって，先生に言われて始めたものではありません。ある時ふと何か言いたくなって始めたのでしょう。ひと月前といえばインフルエンザが流行していたころで，「みなさん，インフルエンザに負けず，明日も元気に学校へ来ましょう」といった簡単なものでした。何しろ彼はライブをやるくらいですから，即席で言葉を考えるのは慣れています。

　放送室を出てくる彼に「いいことを言いますね」と声をかける校長や教頭の姿に接したこともあります。「私，子どもたちに何かいい言葉をかけてあげようと思ってもなかなか出てこないけど，磯貝君ってうまいね。いつも感心しちゃうわ」と女の先生。「おっくん（彼のこと）が，今日はどんなことを言うかいつも楽しみにしてる」という彼の友達の手島君。そう思っている子が，他にもたくさんいることでしょう。だから彼も，今日はどんなことを話そうかと少しは意識していることでしょう。

　だからといって話の内容をメモにするということはしていないのですが，一度だけ「今日は何をしゃべろうかな」と言いながら，ボクの前で原稿を書いていたことがありました。その日は春のようなあたたかい，天気のいい日でした。

> 　みなさん，自分自身をどう思いますか。だらしない，よくしゃべる，しっかりしている，などなどいろいろあると思います。しかし自分を低く見てはいけないと思います。どういう生き方をしていても，自分に自信を持つことが大切だと思います。どんな場面でも自分に自信を持ち，正し

> いと思う方に進んで下さい。今ボクは人に何を言われよう
> が自分に自信を持ち，日々生活しています。みなさんもい
> つも明るく，今日の天気みたいに，あたたかい人になって
> 下さい。

　数日前は，生徒会書記の中根洋介君が次のようなメッセージ
を放送で流しました。最近，彼もよく理科準備室に来るように
なりました。

> 　生徒会書記の中根です。ボクたち3年生は競書会で「高
> 遠なる理想」という字を書きました。今日は，ボクの考え
> る理想の学校の在り方について述べてみたいと思います。
> 　今，学校において真のリーダーが育ちにくいのです。私
> たちは目先の小さな利益にしか目が届かず，自分たちの本
> 当にしたいことを真剣に考え行動することができず，一つ
> の失敗を恐れ，常に安全な答を出そうとするからです。成
> 績や進路のことが気になり，何事においても引き目がちに
> なってしまうからです。
> 　今，育とうとする正否の見定まらぬ新しい芽がある。そ
> して，過ちを怖がるばかりで，その芽をつぶしてはいけな
> い。人間，個人一人一人にはそれぞれ異なった考えがあり，
> 若い私たちは個性あふれる新しい新芽である。物事に対し，
> 世の中の常識や流行などにとらわれることなく，自分なり
> の考えを持ち，自分なりの満足できるような新しい答を出
> してほしい。そして，行動してほしいと思います。
> 　全校のみなさん，自分の個性を大切に，自分のこだわる

> 物事に対しては徹底的にこだわり，自己を主張し，精一杯努力してほしい。そして，みなさんの考える理想の学校生活を作り上げてください。

　中学生って，すごいと思います。あったかくて，優しくて，鋭い。まさに「新しい芽」です。弱々しくもあり，だから「けなげ」に思えるのです。
　「何を生意気に，自分の生活をちゃんとしてから言え」というのはやさしい。じゃあ，大人はちゃんとしているのかと問い返されたとき，「中学生が，何を生意気に……」と言えない自分に気付くはずです。もし，本当に大人が，学校では教師が「自分」をしっかりもって考え行動していたら，子どもたちはもっと自分らしく生きているはずだ——と，ボクには思えます。
　「官僚主義を克服するだけで人間はすごく進歩する」と板倉聖宣さん。
　言葉だけならどうにでも言えます。「個性を大切にする教育」を叫ぶなら，「それを，どう実質化していくのか」が問われるはずです。その実質化に向かって行動する姿を，その誠実さを子どもたちの前に示すことなしには，学校は変わっていかないのではないかと思います。これからも，自分に何ができるのかを問いかけていきたいと思います。
　卒業式を間近に控えて，「さすが，中学生だ」と思えるうれしい事実に接し，ボクはますます彼らのためにふんばらねばと思うのでした。　　　　　　　　　　　　　　　　（1998.3.6）

●第4章のためのミニガイド●

 数年前のことですが、学校に出す「来年度の希望」に、ボクは「担任は何年生でもいいし、あってもなくてもどちらでもよい」「3年の理科を持ちたい」の2つを書いた後に、ボクはこんな一文をつけ加えました。

 「子どもたちは学校に来て成長する。友だちの中で健全に成長していくものだ。ムカついたり、傷ついたり、自信をなくしたりしたときに、彼らが安心してひとときをすごせる〈止まり木〉が少な過ぎはしないか。ボクは、そういう子どもたちの、そのひとときの〈止まり木〉として存在したいと思う。そして元気になって、またクラス集団の中に帰っていく。そんな場をボクなりに作っていきたいと思う。

 カウンセラーや教員を増やすことも大事なことでしょうが、きれいに植林した杉林でない、雑木林のように包容力の厚い、多様な子どもたちの〈止まり木〉となれるような教師集団・学校組織を作り上げていくことが特に必要ではないでしょうか」

 〈止まり木〉というからには、「場所」が必要です。その点、中学校では教科ごとに「準備室」があるから、場所の確保は容易です。あとは「人」です。

 小学校では保健室が、なんとなく〈止まり木〉的な役割を担わされているような気がします。しかし担任をもたなくなったボクは、積極的に、徹底して〈理科準備室の止まり木化〉をおしすすめました。

 敵か味方かをかぎ分ける鋭い感性を持つ中学生——子どもの敵にはなりたくないと、ボクは思っています。

第 4 章

安心できる居場所を

理科準備室の日々

「理科準備室」の子どもたち
―― 「止まり木」の少ない学校の中で

● 卒業式の日の手紙

　卒業式の日から2週間がたちました。ボクが持ち歩いているノートには，その日にもらった3つの手紙がしっかりとはさまれています。

　その一つは，歩君がくれたものです。

　彼がボクの居場所「理科準備室」（理科準）に来るようになったのは，2年生の2学期半ばからです。彼は，2年生の夏休みのひと月前くらいに「頭髪」と「服装」のことで学年の先生たちとトラブって，それ以後は学校にはほとんど来なくなりましたが，3年生の磯貝良方君を慕って理科準にだけはときどき顔を見せに来たのです。ボクは彼のクラスの理科の授業に行っていたし，彼の2歳上の兄を担任したので，それなりに気にかけていました。でも，そのころの彼はとても無口で，どちらかといえば暗い感じの子でした。

　2年生の3学期からは理科準に来る回数も増え，理科の授業にだけ顔を出すことも多くなりました。彼の方からボクに話し

かけてくるようにもなり，自信をもった「はみだしっ子」に成長してきました。そして，良方君が卒業。3年生になった彼は，「2代目・理科準室長」になったのは当然です。彼は，ますます「いい顔」になってきました。やさしく気づかいするその姿に「けなげさ」を感じるほどに，彼は成長しました。そんな彼が卒業式の日にボクにくれた手紙です。

　長い間，お世話になりました。先生はとても優しくしてくれました。一生の思いでです。平中に先生がいなかったら，今ごろどうなっていたかわかりません。先生のおかげで，いろいろ勉強になりました。

　平中にとって犬塚先生は欠かせない存在だし，みんなから好かれています。すごい短い間だったけど，楽しかったです。今思えばとてもいい思い出になって，胸の奥にしまってあります。

　先生とは2年のときに知り合い，いろいろな話が楽しかったです。先生ありがとう。大好きです。これからもいろいろあると思うけど，その時はよろしくお願いします。

　理科準は，おれの一番心が落ち着く場所です。先生と離れてさびしいけど，仕事をがんばって，先生に「歩はがんばっとるなー」ってとこを見せたいです。

　中学校生活は，だらだらした毎日が続いて，学校にもあまり行かなかったけど，理科準には一番行ってたと思います。本当に楽しかったです。

　　　大好きな先生へ　　　　　　　　　　　　あゆみ

彼は卒業したあと家の仕事（金属関係）をするといっていますが，夜間の定時制に行こうとも言っています。「歩，がんばっとるなー！」って言えるのを楽しみにしているボクです。

*

次の手紙は，裕介君からのもの。ボクは，彼が2年生のときに理科を教えていたのですが，今年は彼のいるクラスの授業に行っていません。

彼が理科準に来だしたのは3年の2学期の終わり頃からです。高校への進路決定が近づいて，精神的に落ち着かなくなったのでしょう。先生に対していらついたり，家でオヤジと言い合ったりしたとか，そういうときに「頭が痛い」「何もやる気がしない」といって，何をするともなくこの部屋で休んでいくという感じでした。彼も歩君と同じようにがっちりした体で，気持ちのやさしい子です。

先生，僕は今，卒業という行事に参加しています。先生にはいろいろな面でお世話になりました。そして学びました。卒業しても遊びに来ます。

「この学校に居なかったらどうする？」そんなの，大丈夫です。僕が，先生を他の学校にはあげません。僕のお父さん的な存在の先生をなくすのはいやです。

さまざまな先生と接してきた中で，先生は僕たちのことを自分より先に考えてくれました。今度は僕たちが先生にお礼をする番です。楽しみにしていて下さい。先生の元気と笑顔とやさしさをなくさないように，いつまでも頑張って下さい。

（犬塚裕介）

卒業して，公立高校の受験の前日にも理科準に来たので，「おまえ，明日はテストだから，帰って社会の教科書でも読みなよ。そうすれば必ず２～３点はよけいにとれるから」って言うと，素直にすぐに行動する，そんな子でした。

　手紙にも書いていますが，ボクが「来年はこの学校にいないかも知れない」って言うと，「じゃあ，校長に言いに行く」「教育長に言いに行く」なんて生意気に言っていました。彼は，希望の高校（土木関係）に合格しました。

　この「理科準」に来る子たちは，みんなとても素直です。ボクの前では素直でないとこの部屋に出入りできない，ということを承知しているのでしょうか。素直に自分を出せる場所だから，ここに来ているのでしょう。ここに来る子たちは，「失礼しまーす」「ありがとうございました」と，みんな礼儀正しい。これも，東明―良方―歩とつづいた伝統を学んでいるのです。それが，ボクにとっても，そして彼らにとっても，ここを「気持ちの落ち着く空間」にしている一番の要因です。

＊

　これまで「理科準は男の場所，女人禁制」という感じだったのですが，今年は毎日のように女の子たちが来ます。そして，卒業した後も続いています。「今年の理科準はにぎわっていますね」と職員室で話題になるほどです。そのキッカケを作ったのが，鈴木里美さんです。

　ボクは２年生からこの学年の半数，４クラスの理科を受け持っています。でも，里美さんとは授業でも関わりがありませんでした。しかも，ボクは３年の学年に所属していながら，学年会にはほとんど出ていません。ですから，誰が「問題の子」な

のか，教師サイドからの情報はほとんど入ってきません。ボクが持ってる情報は，理科の時間での雑談か理科準での会話から得た，もっぱら子どもたちからのものです。

　すらっとして，それなりの美形である里美さん。名前は知っていましたが，話したことはありません。ボクが他のクラスに授業に行くときに廊下や階段で一人でいる彼女に出会って，「どうしたんだ，教室に行くぞ」と二三度声をかけたことがあるくらいです。

　それが，どうしたことか2月のある日から突然彼女は「理科準の人」（「犬塚組」と言ったりする子もいます。ようするに「組員」なのだそうです）になってしまいました。同じ組の「とも子さん」もいっしょです。

　彼女はなかなか芯のある子です。担任（男の先生）とは2学期から口をきいていない，その授業には出ていない，給食も食べていない，ということを知ったのは，しばらくたってからのことです。

　彼女がはじめて理科準に来た日のことを今も覚えています。

　理科準には石油ストーブが置いてあります。ボクとはこれといって共通の話題もない彼女たちです。そばにおいてあったボクの『なんでもないようなことが』（キリン館，1997年）を手に取った彼女は，ストーブにあたりながらじっと読みはじめたのです。そして，この本に出てくる先輩の「東明君」のことを，「あの人，いい人ですね」と言った彼女に，ボクは〈こいつとは気が合うかも知れない〉と直感しました。

　さて，2月の終わり頃から卒業式の練習がはじまりました。彼女は出ません。

その頃から歩君は「スロット」にはまり、ひんぱんにパチンコ屋通いで学校にはあまり来なくなりました。理科準に来るときは「はい、これは先生の」とかいって、缶コーヒーなどをもってきます。もちろん、彼女たちの分も忘れません。

ときどき3年の学年主任や生徒指導の先生が様子を見に来ますが、やさしく話をしていくという感じでした。卒業式の練習には出てほしいけど、強引に出させようとすれば事態が悪くなるかも知れないし、練習に参加するとなると、1～2年生の先生の手前、彼女らの頭髪や服装をそのまま見過ごすわけにはいかないし……、複雑です。彼女は2回ほどボクといっしょに参加したことがありますが、いつのまにか消えてしまいました。

卒業式の日、入場する前の「仰げば尊し」などの歌の練習がはじまったその時から、彼女の目は真っ赤でした。

　先生、今まで本当にありがとうございました。3年の2月から、やっと先生と話せるようになったね。でも、本当にもっと前から先生と話せたら良かったと思う。先生がこんなにイイ人なんて知らなかったからさ。でも、それを知ったら毎日理科準にお邪魔してました。本当に感謝しています。

　私たちはもう卒業だけど、平中に遊びに来るから、先生ちゃんと平中にいてね。先生がいなきゃ寂しいからね。

　短い間だったけど、先生に会えてから自分でもすごい元気になることができた。悩みなんか飛んでっちゃう気がしたよ。先生に出会えて、本当に本当に良かった。だから、これからも体に気をつけて笑顔の犬塚先生でいてください。（鈴木里美）

彼女も，めでたく高校（生活科）に合格。そういえば，理科準で問題集をひろげて「この問題教えて」とボクに質問してきたこともありましたし，入試の前の日には「私，面接の練習を一度もやってないや」とか言って，そこにいた子たちと「入るときのノックの仕方」「礼の仕方」「あなたの長所は」などと，面接の練習をやっていました。

　ボクがうれしかったのは，卒業式の日，あれほど嫌いだといっていた担任の先生にも「いろいろご迷惑をかけました」といった内容の手紙を渡したということでした。ボクは担任の先生からそれを聞いたとき，「礼儀をわきまえてるではないか，いい子だ，いい話じゃないか」って，ホロッとしたものです。

　理科準に来ればボクがかくまってやることができるけれども，ただそれに甘えられるだけでは，ボクには喜びがありません。子どもたちの成長する姿を見たい，「理科準を，今の学校のシステムではできないもうひとつの新しい生活指導の場にする」という願いがボクにはあるからです。「学年顧問」「裏の生徒指導主任」という肩書きを自分で勝手に作っているのですが，そうでもしなければ気持ち的にふんばっていられません。

*

　理科準に来るのは「目立った子」が多いのは確かですが，必ずしもそういう子ばかりではありません。何人かで連れ立って来て，「友だち同士のたわいもない話」や，ボクとのやりとりを聞いていて，「〈それだけで気持ちがなごむ〉という子もいる」ということを教えてくれたのは河合健太君です。

　ボクは彼のことをまったく知りませんでしたが，いっしょにバンドをやっているという友だちと何回かこの部屋に来ていま

した。来るといっても，放課の短い時間だけです。静かで，にこにこと話を聞いている彼に，ボクは何となく魅かれるものを感じて，ときどき廊下などで会うと声をかけたりしていました。

　卒業式の日，すべての行事が終わって理科準に行くと，そこにいた数人の子とは離れて，彼がいました。ボクに何か言いたそうに見えました。そういえば，いつか彼，「お母さんが先生の本を読んでる」って教えてくれました。その時ボクは「うれしいね，お母さんに会いたいよ」って言ったのを思い出しました。「お母さん，もう帰っちゃった？」「まだ，いると思う」

　彼は，お母さんの待っている玄関までボクを連れていってくれました。もちろん，お母さんとは初対面です。

　「彼と授業で関われなかったのが残念だけど，おもしろい子ですね。何か心に秘めてるいいものがあるというか，いつかグイッと出てくる。ボクはそんな感じをもっているんですよ」とボク。「これまで学校で〈おもしろい子だ〉なんて，先生に一度だって言われたことなどないんです。うれしいです」ってお母さん。彼は理科準でのことを，うれしそうにお母さんに話していたとのことでした。

　卒業式のその日，先輩の良方君が「去年，先生に花束を渡さなかったので持ってきました」と，真っ赤なチューリップとかすみ草で仕立てたきれいな花束をプレゼントしに理科準に来てくれたのも，もう一つのうれしいことでした。

*

　学校の中の「治外法権的な解放区」といった色合いの理科準です。そういう意味では「犬塚組」という呼び名もぴったりのような気もします。でも，もう少し品よく，たとえば「犬塚ゼ

ミ」というふうに子どもたちに言わせようかと思ったりもしています。先日,「犬塚さん,来年度も,不登校とはちがった,ああいった少し元気な子たちの面倒をみてやってください」って,校長さんにもお願いされたことだし……。

　今も2年生の何人かが「理科準」に来ていますが,「ここに来たいなら,問題集を買ってきて,毎日1ページやって持っておいで」と言いました。それに応えて,2人の子は問題集をやって持って来ています。ところが,2年生はまだどんぐりの背比べの状態で,誰を来年度の「理科準・室長」にするか決めかねています。この部屋の室長は,「判断力と義理人情」のあるやつでないとつとまりません。まあ,ゆっくり人選しようと思っていますが,そのうちに自然に決まってくるような気もしています。

(1999.3.16)

* 次の「理科準の日々」は,かつてのボクの教え子「磯貝良方君」の講演が中心で,ボクは彼の後で補足をしているだけです。その講演は2001年12月26日「仮説実験授業の教育原理を考える会」で行われたもので,記録をしてくれた永田浩子さんが書いてくれた解説も文末にのせてあります。いずれも,『たのしい授業』2002年9月号に掲載されました。

* 本文に出てくる「磯貝君の先輩たち」のことは,犬塚清和著『なんでもないようなことが』(キリン館)に書かれています。

「理科準」の日々
――子どもたちに「安心できる居場所」を

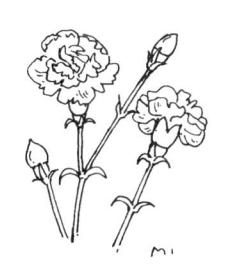

ぼくの「理科準」
●清和先生とすごした中学生時代をふりかえって

磯貝良方 愛知・碧南高校

● 「理科準」に行くようになったきっかけ

どうも。緊張しています（笑）。こんな大勢の前で話すのは，中学校の生徒会の選挙で副会長に立候補したとき以来です。そのときは生徒がたくさんいたんですけど，今日は先生方がずらっと（笑）いるのでどうしようかと思っています。

初めに，理科準備室（理科準）に行くようになったきっかけから話します。

ぼくは平坂中（へいさか）の2年生のときに，一つ上の先輩だった東明君（とうめい）や古居君たちと毎日学校の中でつるんでいました。3年生に上がると，その先輩たちはみんな卒業しちゃって，授業にも出ず

にぶらぶらしているのはぼくくらいになってしまいました。どこにも行けないし、何をしたらいいのかわからないし、学校も面倒くさいから、「もう学校に来るの、やめようかな」って思ったんです。そのときに清和先生が「まあ、ちょっとでいいで、顔出せや。理科準備室でいいで、俺の顔を見に来てくれるだけでいいで、来てくれや」って言ってくれました。それで、3年生になってから毎日、理科準備室に行くようになりました。

清和先生が授業でいないときは、理科準で一人で本を読んだり、近くのゲームセンターで暇つぶしをしたりしていて、先生がいるときは先生としゃべっていました。理科準には灯油ストーブがあって、給食の残ったごはんでおにぎりを作って、家庭科室から皿やしょうゆをパクって来て、焼きおにぎりを作ったりもしました。いろいろやりましたけど、やっぱりあそこが一番居やすかったというか、一番何も考えずにいられたかなという感じはあります。

授業が始まると、「良方、次の授業はどうするだ？」って先生が聞いてくれて、ぼくが「行かん」って言うと、「ほっか。俺は授業だぞ」と言って、先生だけ授業へ行きました。「俺の授業だで、来てくれよ」って言われたことはたくさんありますけど、「行け！」って言われたことはありません。でも、先生がやっていた授業のことは、はっきりいってあまり覚えていません。

「何のために学校に行っていたか」というと、給食を食べに行っていたような感じですね。家でも毎日親と喧嘩。学校の先生には、髪の毛の色も、ピアス、服、登校時間も全然違うので、「そんな服装で来るな」と言われたり、生徒総会や学年集会の

ときは絶対に参加させてもらえませんでした。そういうときに，いつも清和先生が一緒にいてくれたというのが印象に残っています。

●清和先生と出会って変わったこと

ぼくは，中学2年の1学期の通知表の内申点が「39」ありました。オール5だと「45」なんで，けっこう頑張っていました。それが，3年の1学期には「16」になっていました(笑)。部活のサッカーは続けてましたけど，勉強のほうは2年の最初までは頑張っていたのに，授業に出なくなってしまいました。先輩たちと遊んでいるほうが楽しかったからです。それと，それまで真剣にやってきたんですけど，やっぱり何かあったのかな。「もっと上を，もっと上を」と先生に言われていて，ある日，突然，「もう面倒くせえな」って感じでした。2年の秋に2週間ぐらい家出をした頃から，だんだん清和先生の方向へ行きました(笑)。

その頃は，何を言われても「うるせえ」みたいな感じでした。先生ってけっこうくどくど言うじゃないですか。何回も何回も同じことを言うでしょう。「これ直せ」とか「これやれ」とか，先生の要求ばかりを押しつけてくる。ちょっと服装が乱れてきたときは，ほんとに誉められたことがなくて，いろんな先生がいろんなことを言ってくるから「もう学校なんかいいや」って思いました。

だから，そのころは「先生」というだけで，その人のことが信じられませんでした。先生が上にいて，ぼくたちが見下されているみたいだったから。学校に行ったら行ったで注意される

し,「帰れ」って言われる。それに対してぼくはすぐ頭にきて言い返しちゃうというように, 悪い方へ悪い方へいっていました。

　一つ先輩の東明君（ヒロって呼ぶんだけど）といたときに, ヒロはいつも犬塚先生のことを「きよ君, きよ君」と言って慕っていました。だから, ぼくも清和先生のことは知っていたんです。清和先生と一緒に過ごしていく中で一番よかったなと思うのは, 他の先生のことも「この人も, もうちょっといいとこがあるんじゃないかな」と思えるようになったことです。頭ごなしにガツンと怒られても,「ちょっとはいいとこもあるんじゃないかな」というように, 人を見る見方がちょっと変わりました。清和先生みたいな先生がいるということを知った時点で, 他の先生の見方もちょっとずつは変わっていったと思います。

●うれしかったことば
　清和先生の口癖は,「いいね」とか「そういうの好きだよ」とか「笑顔がいいよ」ですね。たぶんたくさん叱られていたと思いますけど, 叱られた記憶っていうのはあんまり残っていません。それよりも先生が笑って「いいよ」とか「かわいいな」とか, そういう言葉を言ってくれたことが印象に残っています。

　他の先生ともめちゃってるときには, 清和先生が「なんだあ？」って言って来てくれて,「ちょっと行くぞ」って, よく言われました。どこに行くのかなと思ったら喫茶店だったり, ちょっと大きなもめごとがあったときには近くの矢作川（やはぎ）へ行って釣りをしたりしました。

　体育大会のときも,「おまえは開会式には出るな」って言われて先生たちともめていたときに, 清和先生が「行くぞ」って,

近くの喫茶店へ連れて行ってくれました。1時間ぐらいして開会式が終わった頃，学校に戻ろうとしたら，ＰＴＡの人たちがたくさんいて，清和先生に「隠れろ，隠れろ」（笑）って言われて，ばれないように戻ったという思い出もあります。

「ちょっと行くぞ」って言って，いろんなところへ連れて行ってもらいましたが，やっぱり川はいいですね（笑）。先生と二人で川に行って，たそがれてくると，カッとなっている気持ちも落ちついてきて，それで「まあ，どうでもいいじゃねえか」と言われると，「まあ，どうでもいいよな」と思っちゃったりして（笑）。

ぼくはいつも違反服を着ていたんですけど，たまに上だけ標準の制服を着たりすると，清和先生は「おお，やったな」とか「えれえじゃねえか」（笑）って誉めてくれるというか，そんなふうに言ってくれました。ぼくはそういうのがけっこううれしかったりして，「ズボンも替えてきちゃおうかな」（笑）っていうふうになってくるんです……気持ち的には。

あるとき，清和先生が「この会だけはちょっと出てみるか」って言ったから，上だけ標準服で行ったんですよ。そうしたら，生徒指導みたいな先生に「ほいじゃあ，次は名札をつけて来い」って言われました。いつもは何も言われなかったんですけど，名札をつけて行くと今度は「カラーをつけろ」と言われて，どんどん完璧な服装にさせようとする（笑）。そうやって何回も何回も言われていると，「いいじゃねえか，一個だけでも直したんだから」という気持ちになってきて，またもとの服装に戻っちゃったりしました。誉めてもらうためにやっているわけじゃないですけど，一つ直して「おお，やるじゃねえか」って清和

先生に言われたときは,「次もやっちゃおうかな」「髪の毛も黒くしちゃおっかな」(笑) という気持ちになりました。

　他の先生に「服装,直してこいよ」って言われると,「そんなら出んわ」って言い返していたんですけど,清和先生は「明日,出られるか」って聞くだけでした。「俺も行くで,お前も行くぞ。お前が出んなら俺も出ん」って言われると,髪の毛も直していこうかなっていう気分になったりして。ぼくの家は美容院なので(笑),髪の毛はいつでも自由自在なんです。それで,朝,直して学校に行くと,先生がもう来ていて,「いいなあ」と言ってくれたことがうれしかったです。

●ぼくが好きな先生

　今から思えば,いろんないい先生がいたと思うんですけど,中学校2～3年の頃のぼくにとって「いい先生」は清和先生と,2年・3年の担任をしてもらった鈴木功先生でした。鈴木先生は,小学校からずっとサッカーを教えてくれていて,俺が小学校を卒業すると同時に一緒に中学校に転勤してきた先生です。小学校から中学校に上がってすぐはピリピリしていて,急に厳しくなっちゃったから,そのギャップにぼくはちょっと嫌な気持ちになりました。急に「中学校の先生」みたいな感じで厳しくなったから,「ほんとに信用できるのかな」と思いました。

　でも,ぼくが清和先生と一緒にいるようになると,鈴木先生も清和先生と一緒にいることが多くなって,どんどん変わっていきました。俺より変わったんじゃないかな(笑) というぐらい,すごく変わりました。今でもたまにぼくの家に来て,「メシ行くか」って言われるんですけど,すごくいい先生です。最

初は厳しくて嫌だったんですけど，だんだんぼくを見る見方が変わってきました。注意もされるんですけど，こっちの気持ちになってくれているみたいな感じで，嫌だなと思うことは後々まで言わなくて，清和先生に似てきたなと思いました。

　清和先生は大好きな先生でした。何かしたときに頭ごなしに言われるとどうしても言い返しちゃうんだけど，清和先生はいつも，まず「どうしただ？」って聞いてくれました。俺が何かやっちゃって，他の先生と喧嘩になって，真剣に「はっ倒してやろうか」くらいの感じで口論していても，清和先生が来ると「おお，どうしただ？」と言って，それから「ちょっと行くぞ」と言ってくれる。そうすると，「もうどうでもいいや」という気持ちになって，何で怒っていたのか理由もわからなくなっちゃう。そんないい印象がたくさんあります。

●いい雰囲気のクラスから生徒会の副会長に

　3年生のときは，清和先生の理科と鈴木先生の数学以外の授業にはあんまり出ていませんでした。英語でも国語でもいざ授業に出ると，その先生は気づいてないかもしれないけど，けっこう嫌な目をするというか，「邪魔だぞ」という感じで見られました。無視されるような気がして，それで結局は，また怒って出て行っちゃうんです。そういうことがあって「もういいな」という感じになっちゃったんですけど，清和先生の授業は，3年生のときはほとんど出たと思います。どうしてかと言われてもよくわからないんですけど，「よし，授業だぞ。まあ，おるだけおれや」って言ってくれて，出るとけっこう楽しかったですね。

それに，清和先生に教えてもらっていたぼくのクラスのみんながだんだん変わってきたんですよ。3年生の最初の頃より2学期，3学期になるにつれてだんだんと。最初は何もなかったんですけど，俺が学校に来てないと携帯に電話があったり，給食の時間になると「どこで食べる？」と級長の子が聞きに来てくれたり，「給食持ってきてあげたよ」と言って持って来てくれたりしました。そうやってみんなと関わるようになって，「俺，次も授業に出てもいいのかな」と思えるようになりました。生徒みんながいい雰囲気のクラスだったなという中学校3年生でした。

　その3年生の後期に生徒会の副会長に立候補しました。どちらかというと気まぐれというか，「何かやりに学校に来ようかな」という気持ちもあったけど，みんなに俺のことを見てもらいたかったのかな。そのときに，学年の他の先生たちに「お前には無理だ」と言われたり，直接ぼくには言ってこなかったけど，友だちのクラスの先生は「あいつには絶対に入れるなよ」と言っていたらしいです。ぼくに直接言ってくれればいいのに，陰でそんなふうにやられると「その先生はもうどうでもいいや」という感じになりました。そして，「だったら見返してやろう。こうなったらとことんやるしかないな。どこまでもやってやるぞ」って頑張って，二人の対立候補を破って当選しました。

　もう一つ，その頃，いじめが問題になっていました。3年生の初め頃，ぼくが理科準へ行くときに，一人の子が3人にいじめられている現場にたまたま通りかかっちゃったことがありました。そのとき，「こんなのが平中にあるんだな。これはいかんなあ」（笑）と思いました。腹が立つやつがいたら一対一でち

ゃんとやればいいのに，陰でみんなで寄ってたかってっていうのは，ぼくは好きじゃないんです。だったら，俺が副会長になって，「生徒の目から見てそういうのをやめようぜ」ってみんなに言えばけっこういいかなと思いました。ぼくが副会長になったのには，そういう目標もありました。いろいろあったけど，今は副会長をやってよかったなと思っています。

●ずっと信頼できる先生

　もし清和先生がいなかったら，今，ぼくはどうなっていたかなって思うと，たぶん高校に行っていないと思います。今も暴走族をやっていたり，仕事にも就かずにいい加減にやっていたと思います。でも，清和先生と会って，今はこうやってたくさんの先生たちに昔の話を聞いてもらったり（笑），いろんなところに連れて行ってもらったりしました。東京の三宅島とか，バーベキューとか，釣りとか。たまに夜の9時頃電話がかかってきて，「今，どこどこにおるで来い」って誘ってもらったりすることもあります。

　卒業してからも，ちょくちょく理科準に顔を出しています。最初は工業高校に入ったんですけど，目標がないっていうか，やっぱり中学校の状況とは全然違いましたね。清和先生みたいな人もいないし，中学校のときはだいぶ先生に守られていたなって思いました。高校では，何かやったらすぐ停学になっちゃう。秋ぐらいから「やめたいな」って一人ですごく悩んでいて，清和先生に「俺，もうやめようかな」って言いました。先生は「そうか。もうちょい頑張れないか」って言ってくれたけど，結局やめちゃいました。今は昼間ガソリンスタンドで働いて，

夜は定時制高校に行っています。なかなかきついけど楽しくやっています。

　ぼくたちの心の中では「何かあったら清和先生に報告しようかな」とか「何かあったら清和先生に話を聞いてもらおうかな」っていう信頼があります。そういう信頼をおいて，これからも先生と付き合っていきます。（拍手）〔以上，磯谷良方君の講演〕

今よりちょっとよくなれば
　──磯貝良方君のことなど

　＊上の磯貝君の講演の後の，ボクの補足の話です。

●男気のあるかわいいやつ

　磯貝君は，3年生で初めて授業を持ったんです。でも，昔ボクは，彼のおじさんが中学生の時に担任をしていて，そのお姉さんの子が彼だったということもあって，2年の頃から気にはなっていました。

　彼は小学校のときからサッカーをやっていて，愛知県の代表選手ぐらいの子だったんです。小学校で彼らにサッカーを教えていた先生も，中学校へ転勤してきました。うちの学校にはサッカー部はなかったんですけど，彼らが初めてサッカー部を作りました。

　小学校のときから朝から晩までサッカーをやっていて，勉強もできる優等生。「4」と「5」ばっかりの子がある日，突然，2年生の2学期から崩れたんですよ。こういうことは，そんな

に不思議なことじゃないんじゃないかと思います。

　さっき「高校入試はどうやって突破したんですか」という質問がありましたけど，彼は2年生の1学期まで勉強していましたから，力はあるんですね。だから，普通の高校ならほとんど受かっちゃうんです。授業に出てないから「内申」はよくないけど，実力テストだったらわりといいところまでいっちゃうんです。

　2年生のときは，ボクが担任していた3年生の子たちと一緒にいることが多かったし，なかなか男気(おとこぎ)がある子で，ボクは彼が好きだったんですよ。

●若い人が元気になるように

　磯貝君が3年のときは，理科準にいたのは彼一人でした。でも，今，話を聞いていてうれしかったのは，クラスそのものも変わってきて，彼もそれに気づいていたということでした。もし彼がクラスを引っかき回してきたら，クラスはもっと気分が悪い所になったと思います。でも，よく級長とか女の子が彼と話をしに理科準に来ていましたし，彼もそれで教室に行けるようになった。

　そんな中で一番変わったのは担任の先生だと，ボクも思っています。鈴木先生といって，2年・3年の担任ですが，彼は途中で一度その先生を嫌っていました。鈴木先生の方も，小学校からずっと一緒にやってきたかわいい子が崩れていくのを見て，自信をなくしてしまったんでしょうね。

　今でも忘れませんけど，3年の最初の学年会で，「問題生徒を誰が持つか」という組分けをしたときのことです。鈴木先生

はちょっと弱気になっていたんです。彼を持ちたいんだけど自信がない。そのとき，他の先生たちは，「今までずっと見てるから，もう違う先生がいい」という意見でした。でも，せっかく小学校からずっと見てきて，今も一緒にサッカーもやっている。ボクは彼に言ったんです。ボクはあんまり学年会では言わないんですけど，「あなた，良方と心中する気があるのか。心中する気があるなら持て！」と。そうしたら，鈴木先生は「持ちます」と言いました。あのとき，あの場の空気で「他の人に……」なんて言っていたら，お互いきっと変われなかったでしょうね。

　ボクは，ほとんど学年会には出ませんが，4月の最初のときは必ず出るんです。自分が持ちたくないならいいんですけど，持ちたいけど自信がなくて言い出せないで揺れ動いている若い人がいたら，それを踏ん切らせるのが年寄りの仕事かなあと思っています。そして，側面から支援していく。あのときは，3年生7クラスのうち2クラスしか授業を持ってなかったんですけど，「理科は俺が持つ」と言って，鈴木先生のクラスの理科に入りました。理科で入れれば，ボクも週に4時間ぐらい彼とも顔を合わせられるし，彼のクラスの子たちとも関われる。そういうことが大きく作用するんです。

　彼は勉強もできるんです。理科は「5」だったと思いますよ。「授業のことは忘れました」って言っていましたが，最後の《力と運動》の授業のときは活躍しています。テストも80点ぐらいだったと思います。それに，授業で活躍した人をクラスのみんなが選びあって，それも点数に換算するということをやっていたんだけど，そうすると彼は35点ぐらいプラスされて，

100点を越えちゃうから当然「5」ですね。

　彼は，さっきしゃべったあんな感じですから，授業中も自分の気持ちや思ったことを言えるんですよ。ふてくされた感じは全くないし，自分がやろうと思ったらやるんですけど，やらないと思ったらやりません。中途半端というのがないんですね。

●自分がやりたいことをやる

　そんな彼が「生徒会の副会長に立候補する」って言ったら，その時に突然「誓約書」って話が出てきました。「立候補するにあたって以下のことを誓約します」ということを立候補者に書かせて，立候補の受け付けをする。要するに「学校の方針に従うことを誓わなければ立候補を認めない」ということなんですけど，そんなものを学校が出すっていうのは初めてなんです。それでなくても生徒会は先生の小使いみたいに動いているだけで沈滞しているのにね。それで，職員会でボクが「これはおかしい。どういうことだ」と言ったら，「誓約書」が「約束書」に変わりました。（「誓約書」問題については36ページ参照）

　彼は普通の子には絶対に手を出さないし，何かあったら彼らを守る方です。運動神経もいいし，喧嘩も強い。普通の子に人気がありますから，出たら当選すると思っていましたよ。

　彼が副会長に当選して，ボクが一番感激したのは，最初の生徒総会のときに，体育館に椅子を並べたことです。今まで生徒は床に座っていたんですが，執行部の者たちで椅子を並べて，みんな椅子に座るようにした。それを彼が率先してやっていました。

　彼は，ただ何となく生徒会に立候補したみたいに言っていま

したが,「自分たちにできることをやろう」という思いをきっとどこかに持っていたと思うんですよね。それ以後,ずっと総会には椅子が出ていましたけど,最近,またなくなりました。

それから,彼は帰りに全校放送を流すこともはじめました。それまでの放送というのは連絡事項ぐらいだったんですけど,彼は自分の思いをメッセージにして流すようにしたんです。それが非常に爽やかでした。先生に何か言われて「頑張りましょう」という感じじゃなくて,「明日も笑顔でやりましょう」とか,その日の出来事を自分の感想を交えながら話していく。そういうメッセージを週に2～3回,全校放送で流していました。

今年の夏にボクは『今日の平中』という小さい冊子(ガリ本図書館発行)を作りました。それは生徒会役員の榊原慎也君が,磯貝君の後を引き継ぐ形で,「今日の平中」というテーマで全校放送でしゃべった原稿をまとめたものです。

二人のメッセージ放送はとっても評判がよかったんだけど,そういうのをみんながいいというと,今度は生徒会の顧問がそれを形だけ取り入れるんですよ。今もやっていますけど,全然つまんないですね。二人とも本当に自分がやりたくてやったところがいいんです。彼が椅子を並べたことだって,普通の子どもたちが少しでも気持ち良く生徒会行事に参加できるように,自分たちでやろうと考えてやったことなんです。ボクは,椅子を並べるだけでも大したもんだと思うんです。ボクら教師も,せめてそんな目で何かできたらいいなあと思いますね。そんな大きなことをしなくても,何か子どもの気持ちのいい居場所みたいなものを自分で作っていきたいです。

彼の話の中に,「服装を直したら名札つけろ。名札をつけた

ら次は何をしろ」と，ともかく「普通の子ども」の形にするようにしている先生たちのことが出てきました。そういうことで，途中でキレてしまって，「もういいや」と自棄になる子どもたちがいる。それが一番寂しいことですね。子どもたちだっていろんなことがあってそうなるんだから，一つ直ったらその前と比べてほしいですよね。「気にしてくれているんだ」「うれしいよ」と。

　ボクらの授業だって，今よりちょっとよくなればいいじゃない。今よりも少しよくなったらそれに満足しながら自分を広げていきたいし，子どもたちにもそういう形で接していけたらいいなあと思っています。

　今日は彼の話を聞いてて，何か幸せですね。ありがとうございました。(拍手)

元気をくれる人
二つの記録を終えて

永田浩子
愛知・西尾中学校（家庭科）

　この「仮説実験授業の教育原理を考える会」の案内を見たとき，私がすぐに「行きたい」と思ったのは，磯貝良方君の話が予定されていたからです。そして，楽しみにしていた通り，とってもステキな話が聞けてうれしかったです。

　良方君の話の中で一番すごいなと思ったのは，「犬塚先生のような先生がいるということを知ったら，それまでは〈先生〉というだけで信用できなかった人たちのことも〈この先生もきっといいところがあるんじゃないか〉と思えるようになった」

ということです。犬塚先生のことを「信用できる人」と思うようになるのは当然だけど，他の先生たちの見方まで変わってしまうのがすごい。気持ちをわかってくれる人，自分の考えを押しつけずに聞いてくれる人，少しでも努力したらちゃんと認めてくれる人が一人でもいたら，人って強く生きられるなと思いました。

私も中学校教師になって6年目になりました。仮説実験授業ができない中学校が嫌で嫌でたまらなかったけど，3年目が終わるときに卒業していく子どもたちから「先生といるとホッとする」とか「先生の授業はあったかい」という手紙をもらって，中学生ってかわいいなと思いました。中学生に認めてもらえて，初めて自分の居場所ができたというか，少しだけ自分に自信がもてました。

その後の3年間は，「理科準の犬塚先生」をお手本にして，私にできることは全部やってきました。もめごとがあったときに「ちょっと行くぞ」と喫茶店に連れていくことはありませんが，調理準備室で温かいお茶を飲みながら話を聞いたり，休みの日に海へ行ったりもしました。良方君も「川はいいですね」と言っていましたが，その気持ちは私にもよくわかります。海へ行くだけで，何も話さなくても何か元気になるんです。海や川にはそんな力があるんだなあと思いながら，犬塚先生と同じだなと思いました。「犬塚先生の顔を見るだけで，カッとしていた気持ちがおさまって，もうどうでもいいやと思える」と良方君も言っていました。

もう一つ，「やっぱりそうなんだ」と思えたことがありました。それは，鈴木先生が担任で犬塚先生が理科を持っていた良方君のクラスがだんだんいい雰囲気になってきて，その中で良方君が自分の居場所を見つけることができたことです。

私も，子どもたちが安心していられる場所を作っていきたいなあと思います。（2001.12.30）

ボクの動き方の原則
——暗い夜道なら懐中電灯をもて
　暗い教育現場なら仮説実験授業を

●はじめに

　仮説実験授業には,「子どもたちに科学のすばらしさを伝える」という目標があります。そのための方法もありますから,それにしたがって授業をしていると,教師も子どもといっしょに「押しつけを必要としない科学のすばらしさ」を体験して,感激してしまいます。だから,仮説実験授業を好きな人が仮説実験授業について語ろうとすると,「予想を持って対象に問いかけることの大切さ」とか「ガリレオのような子どもたちのすばらしさ」などという共通した話が出るわけです。

　そういうことは,仮説実験授業を体験した人なら,ほとんど誰もが感じることだと思います。そして,ボクにはそれ以上のことは考えられません。ボクから「仮説実験授業の原則」という話を聞きたい人もいるようですが,そういうことは,すでに板倉聖宣さんはじめいろんな人が書いたり話したりしています。ボクがそれ以上の何を話せばいいのかよく分かりません。「仮説実験授業の思想とは何か」とか聞かれたらボクは逃げた

くなるくらいですから,「誰にでもわかるように」なんて答えることはできません。

では,「仮説実験授業とずっとかかわってきたボク」は,何を規準に行動してきたのでしょうか。「仮説実験授業の原則」については話せなくても,「ボク自身の行動原則」ということなら,イメージがわいてきます。そこで,「ボクの原則」というのは何なのか,思いつくままに少し話をさせてもらいます。

●仮説実験授業と離れない（原則1）

ボクは,仮説実験授業というものを知って30年ぐらい生きてきましたが,今まで一度もそこから離れなかったし,離れようとする気持ちも起きませんでした。もちろん,そこにかける自分の時間やお金の量に強弱はあるにしろ,仮説実験授業と離れることはありませんでした。

「仮説実験授業とは離れない」ということが——表現が適切かどうかわかりませんが——原則といえば原則です。

たぶん,瞬間的には仮説実験授業の考え方とは反することもあったと思うし,仮説実験授業が自分にとってこんなに大きな意味をもつものだとは思えなかった時代もありました。でも,時間がたつとともに,「もっと仮説実験授業を勉強したい」と強く思うようになってきました。

それじゃあ,「ボクが勉強したい仮説実験授業」って一体何なのか。「授業書」を思い浮かべたり,「板倉先生の文章」を思い浮かべたり,「そこにかかわる人」を思い浮かべたりといろいろなことがあるわけですが,正直なところ,自分でもよく分かりません。「コレとコレを」とは言えないんです。

●やると言ったらやれ（原則２）

舘光一さん（神奈川，小学校）が編集している『(仮説実験授業の) サークルニュース』というガリ本に，『朝日新聞』に載っていた作家の高村薫さんの言葉を引用した文章を書きました。その言葉は「やると言ったらやれ」というんですが，この言葉がとても気に入っています。ボクは，今は優しくなりましたけど，10年ぐらい前は「お前，〈書きます〉って言ったのに，まだ書いてないじゃないか！」(笑) ってよく言っていました。だから，あらためて「いい言葉だなあ」と思いました。

職員会議でも国会討論でもそうですが，「検討します」「考えていきましょう」とか言っても行動しないことがほとんどで，こっちとしても，「言葉だけだろう」ということは分かってはいますよね。でも，その一方で「やると言ったらやれ」って思っている。

高村薫という人が書いていたのは，「政治家が行政改革をやると言い出してから何年もたっているのに，何も進んでいないではないか。やると言ったらやれ」ということです。でも，ボクには行政改革なんてピンとこないので，そのときすぐに思ったのは「いじめ事件に対する教育委員会の対応」でした。教育委員会が盛んに「いじめをなくすために心の教育を推進しています」と言っていることを思い出したんです。たとえば西尾の『広報』の中でも，学校教育課長が「いじめ，一年を振り返って……教育委員会・学校現場でのこの一年は〈心の教育〉を推進したい」という文章を書いています。

でもボクは，自分の学校を見ていると「〈心の教育〉を何かやってるの？」という気がしてきます。心の教育って簡単に言

葉にするけど,それが何なのか全然分かっていないんじゃないか。その「姿」が見えません。「あなたの言う心の教育って,どういうことですか」って聞いてみたいですね。教育委員会は立場上ただ言ってるだけだとみんな思っているから,誰も「どういうことですか」って聞かないけどね。まあ,親からするとボクら教師も同じように思われているかもしれません。だから,「中身が何なのか」具体的なことがなければ言葉に対する信用をなくすだけだと思います。

　「やります」と言うのと「やろうと思っています」と言うのとは全然響きが違います。「思っています」というのだったら,こっちも,そう強くは言えないでしょ。

　考えてみたら,ボク自身は,「やりたい」と思ったことを人に話したりするのがあまり好きじゃない。何となく恥ずかしいなあと思うんです。だから,こっそり自分の中で「何かガリ本を作ってみたいな」なんてことを考えています。そして,「なんとなくやれそうだ」と思うと,「隆君,あれをやるから」「ちょっと井上君,あれをするから」って人に言うんですよ。つまり,「します」っていう宣言をするわけです。人に宣言したからには,やらないとその人を裏切るみたいな気がするでしょ。だから「します」と宣言すると,今は忙しいとかなんだとか言い訳できなくなって,なんとなく仕事が進んでいくんですよね。

●やっぱり,仮説実験授業で学んだことが大きい

　ボクの世代というのはたぶん,一番押しつけのない時代に育ったような気がしています。

　ボクが小学生の頃は,今でいう「フリースクール」みたいな

ものだったんじゃないかと思います。先生も偉そうにしていませんでした。安月給が幸いしていたのかもしれません。図書室なんてなかったし，一クラス50人以上いたと思うし，もちろん体育館なんてありませんでした。図書室がないから，読書感想文なんかあるはずもありません。先生に脅されて何かしたという記憶はありません。だからボクみたいな，いいかげんで勝手でわがままな人間が育ったんだろうなと思います。

　生まれた時代がそうだったから，ボクは仮説実験授業を知る前からいいかげんでわがままだったけど，でも，やっぱり仮説実験授業で学んだことも大きく関係していると思っています。

　ボクは，「自分の思いを大事にして，それを主体的に出していく」という生き方を，仮説実験授業をやりながら学んできました。それが，まわりの人から見ると「わがまま」「いいかげん」「自分勝手」ということになるようです。もし仮説実験授業に出会っていなかったら，結局はボクも〈自分の思いを大事にする〉ことも，〈それを出していく〉こともできなかったように思います。

　ほくが尊敬していた教師の一人で，ボクに仮説実験授業を教えてくれた人がいます。その人は社会科の先生でした。授業研究では「カミソリ」と言われてた人ですが，校長になった頃からボクとは合わなくなりました。ボクが仮説実験授業の話をしても，「授業には〈これがいい〉なんてものはない。何をどうやっても似たようなものだ」「頑張ってやっても，どういうふうにやってもいっしょだ」と言い出しました。その時ボクは失望してしまいましたが，仮説実験授業を知らなかったら，そういう考え方になってしまうのが当たり前かも知れません。まあ

盆栽でもかわいがって死ぬのを待つよりしょうがないね (笑)。

●「きたないやつ」にはなりたくない (原則3)

　先生になりたてのころは中学校にいました。その頃, ボクは何しろ子どもといっしょに遊びたかったんです。同じレベルでつき合いたかったんです。でも「授業そのものはしっかり教えなければいけない」と思っていました。まあ, そうは思っていても, なかなかうまくは教えられません。

　だからこそ, 授業以外のときには子どもたちと友だちみたいにつき合いたかったし, 実際にそんな感じでつき合ってきました。子どももボクのことを「ワンちゃん」と呼ぶようになって, ボクも「よお！」と応えたりして,「いい関係だなあ」と思っていたんです。ところが, それを見ていた先生が,「先生を呼ぶのにワンちゃんとは何だ」と言って, その子たちを叱ったりしました。ボクを叱るのならいいですが, そんなことで子どもたちを叱ったりする雰囲気が, ボクは嫌でたまらなかったんです。

　ボクが先生になって何が一番嫌だったかというと,〈教師の言ってることには裏と表がありすぎる〉ということです。子どもの前で言っていることと自分が職員室でしゃべっていることが全然違う。これがとても嫌で,「教師ってきたねえなあ」とすごく思いました。

　そうは思っても,「そんなのはきたねえぞ」なんて言えるほど強くもないし, ボク自身にもそういうところがないわけでもありません。だから「自分がそんなきたない教師になってしまうんじゃないか」というのがとても不安でした。「あんな教師には絶対なりたくない」と思っていても,「長年教師をやって

いると，きっとオレもそうなっちゃうんだろうなあ」と思える自分がとても不安でした。そして「仮説実験授業をしっかり勉強すればきっとその不安はなくなるだろう，たのしく教師を続けていけるんじゃないか」ということも考えました。

　もっとも，その頃は仮説実験授業がボクの生き方にこんなに大きな力になるとは思いませんでした。「力」とか「原子・分子」「磁界」といった教科書の内容は授業書があれば何とか教えることができたし，そして何よりも，仮説実験授業をすることで〈自分自身が科学の内容がよく分かった〉ということに感激していました。ボクはずっと授業書にくっついて，科学が分かるという感激を味わってきました。

●暗い夜道なら懐中電灯を持て（原則４）

　高村薫さんの言葉で好きな言葉は，他にもあります。これも『朝日新聞』に載ってた見出しですが，「暗い夜道なら懐中電灯を持て」という言葉。それは，〈「世の中は暗い」「大変だ」と言ってる。でも，暗いからと悩んでいてもしょうがない。暗い夜道なら懐中電灯を持って歩けばいいでしょ。自分の足下を照らすくらいの懐中電灯はあるでしょ。それを持って行動しなさいよ〉ということです。

　この言葉を見て，「暗い教育には，仮説実験授業」って感じだなあと思いました。「学校がつまんない」「先生は大変だ」とかなんだとか言うんだったら，仮説実験授業をやればいいじゃないか。なにしろ，子どもたちが喜んでくれるんだから，やればいい。なのに，「でも，教科書が」とか「となりの先生が」とかごちゃごちゃ言うんだったら，「オマエなんか勝手に悩ん

でろ」と言いたくなりますよね。

　仮説実験授業の研究会の中でも，高村さんみたいにいい言葉をさっと言いそうな人は，徳島の新居信正さんです（笑）。ボクは新居語録が好きなんです，「咲いて散るより蕾でいたい心情からの訣別」とかね。誰でもやっぱり失敗したくないから，失敗を恐れて「あれもいいけど，こうかもしれない」と悩んでしまって，けっきょく動けないことがありますね。だけど，そういうことから別れを告げ，何か一つを選んで行動しろということだと思います。こんなふうに，〈自分を前に押し出してくれるような言葉〉にボクは憧れるのです。

●役に立たないことは，なるべくやらない（原則５）

　これまでいろんな人に会いましたが，ボクはもともと百姓だから，ボクが信用するのはだいたい田舎の人なんです。名古屋や東京や大阪なんていうのは都会だから，何となく「口ばっかり」という気がして初めから信用できない感じがあります。札幌も都会と言えば都会かも知れないけど，もうボクから見ると孤島みたいなものです（笑）。ボクはすごく思い込みが強くて，「田舎の人＝信用できる」と単純に思ってしまうところがあります（笑）。

　そういう，とてつもない判断をボクはするけど，それには全然根拠がないわけじゃないんです。

　ボクは小さいころ，麦踏みとか田の草取りとかの仕事をさせられました。今は麦踏みなんてないでしょ（笑），今は麦がないから。麦踏みにしても田の草取りにしても，動いて一つひとつ前に進んでいく仕事です。役に立たないこと，得にならない

ことは，ほとんどやらない。食べられる実のならない木は植えないとかね。

　ボクは小説とかは読みません。何にも役に立たないでしょ。推理小説とかはイライラするから一番嫌い。「ファミコンゲーム」なんて最大の敵です（笑）。

　学校で嫌いなのが「学級会」というやつです。学級会でいろいろと話し合ったりするのが嫌いです。道徳もそうだけど，結論がほとんど分かっているようなことはしたくないんです。学級会や道徳なんかで，〈自分はいい加減なことをしといて，みんなには偉そうなことを言うヤツ〉がいるでしょ。そういうのはもう，イライラしてきて本当に嫌ですね。ボクは先生になってからも〈学級会で話し合う〉なんてやったことがありません。

　無駄と言えば，職員会や学年会で提案する立場なのに「特に案はありませんが，どのようにいたしましょうか」と聞いてくる人がよくいます。じつに時間の無駄です。「こいつ，バカじゃないか」と思うことがあります。こういう人に限ってこちらが何か言うと，「それは私の思っていることと違います」などど言うから腹が立つ（笑）。「だったらどうしたいか先に言え」って。何だかんだ言ってるだけの話し合いっていうのは，ボクの体が受けつけないのです。早く喫茶店にでも行ってボーっとしながら週刊誌でも読んでいたいよね。

●意地悪されてもシュンとせずにほにゃほにゃと（原則６）

　「いつも笑顔で元気です」というのは，学級目標にもしていましたけど，ボク自身の最大努力目標でもあるんです。

　ボクはけっこう「和」をモットーにしているんですけど，な

んとなく管理職の人に意地悪されてきました。50歳を過ぎた今ではそういうことはありませんが，若い頃から45歳ぐらいまでは，なんだかんだと，ごちゃごちゃ言われ続けました。まあ，45歳まではまだ子どもみたいなもので（笑），50歳になるとやっと大人ですね（笑）。

　いろいろ言われることが多かったボクですが，それは仕方がありません。叱られたり意地悪されてる量の多さが，〈自分のやりたいことをやっている証拠〉なんですからね。

　でも，意地悪されたり文句を言われれば，やっぱり気にはなります。そんな時に，「ボク自身がシュンとしていると，いじめた奴が喜ぶんじゃないか」と思うと腹が立つ（笑）。だからボクは，意地を張ってでもシュンとしないで，ほにゃほにゃと明るくしています（笑）。そういうふうに努力もしていたんだけど，そのうちに，それが自然と身についてくるんです（笑）。少なくとも，文句を言った奴の前では絶対に明るく接することができるようになります。

　「いつも笑顔で元気です」と言ったって，いつも笑顔で元気にできるわけはありません。「笑顔が消えて元気がしぼむ」ことは，誰だってよくあることでしょ。でも，泣きながら反省するとイイ考えが浮かぶかというと，そんなことはないですよね。まともに考えるためには，気分や発想を転換しなきゃならない。暗い気持ちを，ころっと明るくするのは無理だけど，「暗い気持ちで3日いるのを，なんとか1日ですます」というふうにしたい。「いつも笑顔で元気です」というのは，そのための〈合い言葉〉みたいなもんです。

　ボクだって，子どもをひっぱたいたりすることがあるし，授

業中に「出てけ」と言うことだってあります。子どもが実際に出て行ってから「まずかったなあ」と思うこともあります。それで,「まずかったなあ」という顔をしていればいいかというと,それではますます,まずいことになっていくわけですよ,人間というのは。だから「いつも笑顔で元気です」で,ひっぱたいた子や「出ていけ」と言った子には「よおっ！」と明るく声をかけたりしています。

50歳を過ぎても瞬間的には大人気ない行動をとってしまうことがあるけど,これはある意味では若さの証拠ですね。それだけの若さがあるんだから,子どもには,明るく「よおっ！」と声をかけていこうと努力しています。

● ガラスが割れても健全な今

ボクは中学校の2年生の担任をしています（1995年度）。西尾の中学生は最近いろいろと荒れています。去年は自殺があったりして残念でしたが,今年は元気がいいんですよ。職員室に火をつけたり,ガラスをぽんぽん割ったりして元気がいい。ボクの学校はまだ火はつけられていませんが,ガラスが連続で20枚とか4枚とか3枚とか割れるんですよ。

誰がやったか,だいたい目星はついていますが,その候補の中にボクが授業で教えてる子は一人しかいません。その仲間の3年生の子たちが掃除の時間などに理科室によく来るんです。日向ぼっこしながら「お前がやったんだろ。白状しろ」とか「だめだぞ,酒なんか飲んでちゃ」とか世間話をしています。だからボクは,子どもたちから「ワルの親分みたい」と言われたりすることがあります。

そういうことをやっていると,「あいつは子どもを甘やかしている」「ああいうのがいるから,子どもにしめしがつかない」と非難されたりしたけれども,今は言われないですよ。ボクが年をとってることもあるし,大河内清輝君が死んでしまった(1994年11月,124ペ参照)でしょ。「死ぬよりは,ガラスを割る方がいい」というのがあるんでしょうね。やっぱり,「命よりもガラスが大事だ」とは誰も思わない。そういう点で,今の西尾の中学校はガラスが割れても健全です。

　ボクは,何か事件が起きたりして混乱するとファイトがわいてくるんです。それは,仮説実験授業という〈懐中電灯〉をもっているからです。仮説実験授業というのは,教育の混乱期には特に力を発揮するんでしょうね。だから,もうちょっと学校や教育環境が暗くなった方が輝きを増すんじゃないですか。

　暗い夜には,遠くかなたまで照らさなくてもいいから,せめて自分が一番身近に接している部分ぐらいは照らせるような懐中電灯がほしいですよね。それをボクらはもう持っているわけだから,あまり大きなことを考えないで,「自分ができること」を考えながら,これからも動いていくつもりです。

　　＊以上,1996年1月に琵琶湖畔で開かれた冬の大会での「ヤング仮説・ナイター」での話です。西尾仮説サークルの渡部みゆきさんがまとめてくださったものに,犬塚が加筆しました。

〔付録〕ちょっと〈社会的〉な実験

　ボクのような教師を,市内の教師はどれくらい支持してくれるのだろうか。それを知りたくなって,2年前(2000年),西尾市教職員組合の「委員長選挙」に立候補したことがあった。

そのときの「選挙公報」のために書いたボクの「抱負」。

> 　2年生のスキー合宿に行った。雪と戯れているボクを見て明日香ちゃんが,「先生が一番子どもじゃん」と笑った。孫に「おじいちゃんって子どもだね」と言われたみたいでうれしい。「今の学校は,いい意味での色気としめり気を失っている」と絵本作家の五味太郎,今年58歳になるボクは共感する。
>
> 　日本初の心臓バチスタ手術を行った須磨久善をNHKが追う。「患者に見放されない限り医者は続けられるんでしょう。患者さんが医者に力を与えてくれるんですよ」と笑顔で語っていた。患者を子どもに,医者を教師に置き換えて聞いていた。これは,私たち教員組合の活動の原点を示しているものではないか。
>
> 　組織の末端で子どもたちに直接かかわるボクたち教師こそが,学校を動かす組織の先端であるという事実を大事にした新しい活動を模索していく時代ではないかと思う。これは,私たち教師にとって楽しいことではないか。
>
> 　「田中康夫は民主主義の目覚し時計です」と長野八十二銀行の茅野頭取は言った。いい言葉だと思った。矢玉四郎の『心のきれはし』(ポプラ社) の一節。「窓という字にも心があるでしょう／そうよ私に心をひらいて／あなたの心のきれはしをください／小さなほほえみを包んで返します」

「組合文書」というものを見たことがある人なら,これがい

かに風変わりな文章であるかわかるだろう。中には「意味がよくわからない」とか,「読むのが恥ずかしい」と思う人っているかもしれない。

しかし,ボクにとっては,〈自分〉の実感も思考のあとも感じられない「組合的な文章」は,恥ずかしくて読むことだってむずかしいのだ。「社会の混沌」「生き抜く」「克服」「共通の願い」「子どもたちの教育権」「粘り強く」「父母との連帯」「教師としての専門的力量」「がんばります」といった単語が目に入っただけで寒気がする。

委員長に対立候補が出たのは組合ができて初めてのことだったが,この「公報」が組織率ほぼ100％の全組合員（約400人）に配布されるだけで,それ以外の選挙活動は許されていない。

しかし,小さな市である。「この〈抱負〉を読むまでボクの名前を知らなかった」という組合員は少ないはずだ。その中で得票が組合員の1割,40票を切るようなら,ボクは「単なる変わり者」と思われているだけだと判断するより他ない。しかし,もし150票を越える勢いなら,改変の雰囲気はかなり強いと判断してよいだろう。

結果は100票。穏当な数字だったが,この「穏当さ」が良くも悪くも,「大過なく過ぎる」ことを信条とする教師の姿を表す数字だと思ったし,確かに「変革の目」は底流としてしっかり先生たちの中にあると思える数字でもあった。

こういう「実験」をするのも,ボクが仮説実験授業から学んだ重要なことの中の一つである。

学級なんて
崩壊してもかまわない
――「学級」より「授業」が大切

●「学級」より「授業」が大切

　学級なんて崩壊したってかまわない。「学級」などという枠をはずしてしまえば済むことです。

　でも、授業が崩壊してしまったら、「授業なんてなくしてしまえばいい」とは言えません。そんな議論をしたら、教師としての今の自分を自ら否定してしまうことになるからです。マスコミを中心に世間の一部が騒いでいる「学級崩壊の議論」がねちねちしている大きな原因は、「学級」と「授業」とをごちゃごちゃに議論しているからです。

　「学級」なんてとらえどころのないものですが、「授業」はわかりやすい。問題があるときは、わかりやすい方から解決していけばいいのです。しかも、子どもにとっても教師にとっても、もっとも長い時間を費やしているのが授業です。だから教師や教育学者が一番に考えなければならないのは、〈授業をどうするか〉であるはずです。しかし、その〈もっとも長く重要な時間と仕事〉に焦点を合わせずに、「子どもが変わった」だ

の「家庭がどうの」といって逃げている——そういう教師や教育学者，教育行政者の不真面目さにボクは苛立つのです。

　今やるべきことは，授業の退屈さを5分でも10分でも減らすことです。そして，「たのしい授業」を一つでも二つでも増やしていくことです。「8割は崩壊してるけど，2割は成立してるんだ。子どもたちのこの感想を読んでみてよ」と，子どもたちとの楽しい授業の姿をいきいきと語る若い先生に，ボクは大きな期待をかけているし，楽しみにしています。

　「学級崩壊」について聞いてみたところ，教員の中の何人かの人から「学級崩壊という言葉の定義がわからない」といった意見がありましたが，今ボクがいちばんぴったり合うと思えるのは，教育評論家・尾木直樹さんの次の定義です。

> 　小学校において，児童が教師の指示に従わずに授業が成立しない現象——コンパクトに表現すればこれが私の「学級崩壊」の定義です。よく「小・中学校での学級崩壊」なる表現が使われますが，これは間違いでしょう。
>
> 　「学級崩壊」を読み解くための第一のポイントは，小学校問題として限定することです。つまり，一人で全教科を任される小学校特有の〈学級王国〉体制の崩壊を意味しているのです。中学・高校では「授業崩壊」は起きても，一つの学級に少なくとも9人以上の教師が顔を出す教科担任制を基本とした集団指導体制下では〈学年崩壊〉でも起きないかぎり，学級は崩壊しません。……場面の現象が似ているからといって，何でも「学級崩壊」でくくられたのではたまりません。本質を見失い，対応を誤るからです。
>
> 　　　　　　　　　　（『中日新聞』中日サンデー版，1999.4.11）

●新しい価値を見いだせる授業を

「授業が成立しない現象」はまず大学にはじまり，高校と中学へ，そして今それが小学校にまで及ぶようになったということは，これまで教えていた授業の内容そのものがもともと魅力のないものだったということを意味するでしょう。板倉聖宣さんは，日本の教育の変わり目を「1975年」におき，それ以前を「評価は自分の外にあった〈模倣の時代〉」，それ以後を「評価は自分の内にある〈創造の時代〉」と区分し，「創造の時代に来たら，勉強の仕方が全然変わるわけです。目の前に何かエサをぶら下げられて勉強するんじゃなくて，〈新しい価値を自分で見いだす時代〉です」と述べています（板倉聖宣「〈たのしい授業〉の学校史的意義」『たのしい授業』No.101，1991年3月臨時増刊号）。なのに，「教育には強制・管理が必要だ」（河上亮一，『週刊読売』1999年5月9日号）と言っている教師も一方ではいます。まだ，一般の雰囲気としてはそちらの方が多数でしょうが，「真理は10年にして勝つ」，そのたのしみをじっくり味わっていきたいと思います。
　　　　　　　　　　　　　　　　　　　　　　　（1999.6.20）

〔付記1〕授業で勝負？

　上の文章は，『たのしい授業』1999年8月号に掲載されたのですが，本文で書いたように，小学校と中学校とでは事情が違います。小学校では授業崩壊と学級崩壊は同時進行するものですから（だからいっそう〈授業〉が重要だという気もするのですが），「学級なんて崩壊しても」とは言い切れない面があるでしょう。だから題名はちょっと刺激的すぎるかもしれませんが，ともかくボクは，「教師だったら，やはり授業を一番大切にしてほし

い。あとのことは二の次」ということを，強く訴えたいのです。

「授業で勝負」なんて言葉をいう人がときどきいて，それが若い頃には気障(きざ)っぽく思えて好きじゃありませんでした。しかし，仮説実験授業をして気づいたことがあります。かつて「気障っぽい」と感じたのは，「〈勝負の決めて〉がはっきり出されていない」からだったのです。「子どもたちがどちらの授業を楽しいというか，支持するか」で決める，それで「勝負する」ということなら，この「授業で勝負」という言葉は好きです。

「いつまでも，いいかげん，かつ，みんなの楽しめる授業を作っていってほしいです」という子どもたちの期待に応えるよう，これからも努力していきたいとボクは思っています。

〔付記2〕「勉強すべきこと」をどう見るか

教師として，「学校の常識」と戦っていることがいくつかあります。今のボクを見ている人の多くは，〈理科準の子どもたちとの対応〉をイメージして，その戦いは「生徒指導のあり方だろう」と思うかもしれません。

確かに，それもあります。しかしもっと大きく，もっと根本的な「戦い」は，それではありません。何か。

「くだらん内容を，たいそうに教えない。しつこく教えない」という戦いなのです。

それも，若い先生がしているなら「そのうちにいつかアキラメるだろうから」と微笑ましくも思ったりするのですが，何年も教師をやってるのにそのことのムダに気づかない教師には，腹立たしさすら感じます。こういうのが「不適格教員」の最右翼だと思うのですが，そういう人たちはお互いに補完し合って

（なれあって）学校の中で確固たる世界を作っています。悔しいけど，そこにクサビを打ち込むのは容易でありません。まだまだ「一人だけの戦い」がつづきそうです。

いや，考えてみたら，「一人だけの戦い」ではありませんでした。間違いなく子どもたちが支えてくれているのです。終わったばかりの「天体の運動」の授業で，柿島君は次のような感想を書いていました。

> 犬塚先生の授業は，じつに楽しい。でも，わかんない事が多かったことが少し痛い。でも，そういう事を家でおさらいすることも勉強意欲が上がるので，少しいいかもしれない。
>
> 先生を見ていると，もっと楽しく勉強しようと思った。犬塚先生がみんなから「いい先生」とか「尊敬する先生」って思われるのは，勉強そのものに観点が違うからだと思う。勉強することはすごく大切で，しないよりした方が絶対いいと他の先生は言うけど，犬塚先生は，「人間，あきらめがかんじん」と先生らしくないことを言う。
>
> でも，ボクもそう思う。できないことは，できない。だったら，わかることを楽しくやればいいと思う。今まで授業で，勉強の他にいろんなことを学んだ「理科」の授業でした。（3年2組，柿島圭貴）

ボクが子どもたちから「いい先生」「尊敬する先生」と言われているのは〈他の先生と「勉強の観点」が違うからだ〉というのです。そして，その違いは，ボクが「〈楽しい〉ということと〈アキラメ〉と，その二つを重視している」ところだと分析しているようです。

高校受験も気になるでしょう。だから，わからないと「痛い」と思いながらも，それ以上に大事にしたい〈自分〉がいるのです。その葛藤の中にいる中学生が，ボクを見ていて「もっと楽しく勉強しようと思う」と言ってくれるのはうれしいことです。そして，いつか授業中に発したのであろうボクの「人間，アキラメがかんじん」という言葉をとらえ，「ボクも，そう思う。できないことは，できない。だったら，わかることを楽しくやればいいと思う」と共感してくれる中学生がいること，それがボクの支えなのです。

　それにしても〈勉強の観点〉だなんて，すごいことを言うもんです。そんなことに感心しながら，ぺらぺらと『たのしい授業』(No.259，2002年11月号)を開いていたら，山田正男さん(愛知・高校)編集の連載コラム「アリがタイなら倉庫」の中の板倉聖宣さんの言葉が目に止まった。

　これは，板倉さんを囲んで何人かで水炊きかすき焼きでも食べているときの話なのでしょうか。竹内さんの「ボクは春菊がダメなんですよ」という言葉を受けて，板倉さんは言う。

> 　そのときは「ボクは春菊がダメなんだ」とあきらめるわけでしょ。……ところが，時々，あきらめてくれない人がいる。やっぱり，アキラメの教育学がないから「学力低下の問題」がおこるという感じがする。「なんで，そんな学力が必要なんだよ」と。

　そうか！「アキラメの教育学」か。ナルホド，それがないから普通の人はすぐに「学力低下問題」に乗ってしまうのか。教師も同じ。

　こんなこと知ってもしょうがない，と思いながら教えてるこ

ともあります。これは知ってほしいと思いながら教えることもあります。「どうでもいい」ときは「どうでもいいけど，テストに出るかも知れないから覚えておいたらいいかも」と言えばいいし，「これは教えたい」ときには「テストに出るかとかどうだとか，みみっちいこと聞いてくれるな。オレにつき合ってくれ」って言えばいい。教師が「アキラメの教育学」をもたないと，子どもを辛くするだけだと思うのですが，どんなもんでしょう。

「仮説実験授業の原則とは」なんて聞かれると，はたと困ってしまうボクですが，とりあえずは「もっと楽しく自分も勉強しようと思う」と言ってくれる柿島君のような中学生がいることを単純に喜ぼう。

犬塚さんの功績

板倉聖宣
仮説実験授業研究会代表／板倉研究室

●人前では話ができない異常な人

　今,犬塚さんやその教え子たちの話を聞きました。犬塚さんは,「自分は異常な教師ではない」と言い張るのですが,明らかに異常な教師です(笑)。

　今日は犬塚さん,前を向いて話したでしょ。以前は,ぜんぜん話せませんでした。今から30年ほど前,犬塚さんに講演をしていただいたことがあります。これより,もっと少ない人数の時だったんですが,後ろを向いて話すんですよ。下を向いて話すとか,そんなんじゃない。

　犬塚さんは仮説実験授業の事務局を引き受け,みんなを束ねるような仕事をしてくださっています。そういう人が話せない。子どもたちと同じなんです。子どもたちは慣れていませんから,

---

　＊　「2002年,仮説実験授業の教育原理を考える会」(12月26日)における講演。堀江晴美さん・鈴木隆さんが記録・編集したものをもとに,板倉さんに加筆していただいた。

こんなところで話せといわれても，なかなかうまく話せませんよね。いくら犬塚さんが話せないといったって，10年も教師をやってたら話せるようになるはずでしょ。いつも子どもたちの方を向いてしゃべっているんですから，「教師たちの前でだってしゃべれるはずだ」と私は思う。それができない。それくらい異常な人です。犬塚さんにもし欠点があるとしたら，その異常さに気がついていないということです（笑）。

　犬塚さんは，子どもの気持ちが根っからわかっちゃう人なんじゃないかと思うんです。だって，子どもと同じなんですから。これは異常です。メグちゃん（伊藤恵さん，東京・小学校教員）なんかも，はじめから子どもの気持ちがわかっちゃう。

　もう少しまともな先生，普通の先生は，子どもの気持ちがわからないんです。わからないから，わかるように勉強しなければいけない。だから，根っからわかっちゃう犬塚さんに，「こんなのわかるにきまってるじゃないか」などという権利はない（笑）。わからないのが，当たり前なんです。

●教師としては落第生，だから素晴らしい

　犬塚さんやその教え子たちの話をきいていると，「犬塚さんが子どもたちとうまくいくのは犬塚さんの個性であって，仮説実験授業とは関係がない」という感じがしてしまったりするのではないでしょうか。本当に，仮説実験授業とは関係がないのでしょうか。私は，大いに関係があると思っています。仮説実験授業というのは，本質的に子どもたちの味方だからです。特に，「できない子ども」「わからない子ども」，これを味方にして，そういう子どもの気持ちに応えるように教材を全部改める

ことによって成り立っているのです。

たとえば私は、子どものときに特に勉強ができなかったわけではなかったけれども、小学校で教わったことからして片っ端からわかりませんでした。子どもの時は、「やっぱり、わからない自分がバカで、頭が悪いからわからないんだ」と思っていました。しかし具体的な事柄の中から次第に、「わかったやつがバカだ」「オレがわからなかったのは、利口だったからだ」と思うようになりました。私が自分自身のことを誇りに思うのは、「わからない能力が人一倍強い」ということです。これには自信があります。

私は、国立教育研究所の物理教育研究室長でした。でも、研究所につとめはじめたころの私は、小学校の物理教育の内容がぜんぜんわかりませんでした。しかし、今はほとんどわかります。小学校の内容を勉強したからです。私以前に誰か小学校の物理教育の内容をわかっていたのかというと、わかっていた人はいないと断言できます。なぜなら、私がわかったような形で書いてある本は一冊もないからです。小学校で教える内容が、物理教育の研究者にわかるようになっていないんですから、わからない子どもに罪はない。それをわかったように教えてしまう教師の方に罪がある。

私は子どもの味方をします。仮説実験授業は、子どもたちに対して果てしなく同情的です。「わからない子どもはバカだ。勉強しないからだ」とは言いません。勉強したくないのは当たり前です。わかってもいないのに覚えてしまうバカがいる。つまり優等生です。優等生に対する果てしない怒り、劣等生に対する果てしない同情、というより「尊敬」です。「わからない

はずのことをわかってしまうバカ」と，「わからないはずのことをわからない利口」と，どっちが素晴らしいのか。

　仮説実験授業は，「できない子ども」「わからない子ども」，これを味方にして，わからない子どもの気持ちで教材を全部改めました。わからないことは物理学だけではありません。化学もわからないし，生物学もわからないし，いろんなことがわかりません。分数のわり算だってわかりません。分母と分子を引っ繰り返してかけると答えがでますが，どうしてそんなことをしなくちゃいけないのか，普通はわからない。

　ところが，〈わからないこと〉にこだわる子は〈劣等生〉ということになります。だから私は，「劣等生を尊敬する」という形になります。それは私だけじゃなくて，仮説実験授業を経験した子どもたちも先生がたも，そうじゃないでしょうか。私が仮説実験授業をもっとも信用しているのは，そういうところなんです。

　でも，わからないこと，わかりたいことを根本から勉強しなおして，教材を改めて，授業書ができて，「それでうまく教えられるようになった」ということがたくさんあります。

　私は，「できない子ども」「学校からはみ出してしまう子ども」，そういう子どもの方に親近感がある。「できない子ども」は，私の分身だなと。ここが，私の出発点です。そう考えると，犬塚さんは，みんなの方を向いて話すのも大変な，教師としては落第生ですが，だから逆に子どもの気持ちが一番わかるわけでしょ。そういう点では，犬塚さんと子どもたちの関係というのは，すごく仮説実験授業と関係があると思うんです。

●研究会の組織をつくったのは犬塚さん

　私は,仮説実験授業の授業書がたくさんできたことを誇りに思うと同時に,それと同じくらい仮説実験授業の組織に誇りをもっています。この組織を作ったのは犬塚さんです。犬塚さんがいなければ,仮説実験授業研究会の現在のような組織はありません。

　もちろん,犬塚さんだけではできなかったとは思います。研究会の皆さんは,束縛されるのが嫌いです。いやいやながらやるのがすごく嫌いです。組織というものは,もともと,いやいやながら仕事を分担してやるものではないと思うんです。だから,みんながやりたくてやる……そういう組織にしたいと思ってきました。

　私という人間は,組織のお世話がまったくできない人間です。いや,たしかに私は学生時代に研究会を作りました。東大にはたくさんの研究会がありましたが,私たちの自然弁証法研究会だけは創造的な研究会でした。学習会ではない。他の研究会はほとんどが学習会です。マルクス主義が正しいことを前提にしてつくっていたり,なんとかという歴史の教科書が正しいことを前提にしてつくっていたりします。しかし私は,「新しいことを発見するのだ」ということで研究会をつくってまいりました。仮説実験授業研究会も,そういう研究会の伝統を背負ってつくられていますが,やっぱり私は組織の世話ができないので,そういうことができる人に頼るんです。私自身は,「排他的にならないように」「誰でもが自由にできるように」と,そういうことだけを気配りしてきました。

　犬塚さんは人前で話すのは今でも苦手ですが,ものを書くの

はすごくできるようになりました。犬塚さんの物書きの師匠は庄司和晃さん（成城学園初等学校，現在は大東文化大学）です。庄司さんを知らない人がいるかもしれませんが，成城学園の先生でたいへん研究的な人です。その後，大学の先生にもなりましたけれども，庄司さんの文章の書き方は独特で，文章のすごくラクな書き方を開拓しました。「〇〇さん曰く」と書き出して，誰かの文章をズーッと引用します。そして，「なかなかのものである」と書いておしまいにするんです。その引用たるや何ページにもわたることもある。自分のことは何も書いてないのです。しかし，そこには，その文章を素晴らしいと思った自分がいて，感動した自分がいるんです。そういう模倣の精神は，過去の日本にはない。「そういう模倣の精神が大事だ」と私は励ましました。犬塚さんは，それをマネたんです。

　犬塚さんと庄司さんは，まったく違うタイプの教師です。それなのにマネることができた。それなら，犬塚さんの文章を誰がマネしたか知っていますか。小原茂巳さん（東京・中学校）です。小原さんは，犬塚さんと，これまた全然ちがうタイプの先生ですが，小原さんは犬塚さんの書き方をマネして文章が書けるようになりました。また，小原さんの文章に刺激を受けて山路敏英さん（東京・中学校）が書けるようになっています。これまた，山路さんは，小原さんとは違うでしょ。仮説実験授業研究会は，そういう伝統をもっています。

● 「子ども中心主義」を先駆的に示す

　犬塚さんも異常でありますが，おそらくここにいる人の半分くらいは異常であります（笑）。方向が違うけど，異常の程度

はあまり変わらないと思います。だいたい思想・信条からしてまったく多様です。シスター・ベアトリス（京都・ノートルダム学院小学校）は研究会の大会で，はじめの2～3回はシスターらしい服装で来ました。だから，すぐにわかりますね，「あの人はキリスト教だ」と。そうかと思うと，細井心円(むねまる)さんは，袈(け)裟(さ)を着てきたわけではありませんが，時宗のお坊さんです。いろんな人がいます。

　私は，仮説実験授業が学習院で始まったことにびっくりして，「ああ，変なところで始まったなあ」と思いました（笑）。しかし，「よかったなあ」とも思う。仮説実験授業をやるなら，どこのどんな学校でもいいわけです。

　でも，多様な人たちがケンカせずにやっていけるか。これは，難しいんです。特に関西は，同和教育がからんでいたり，政治的な対立がからんでいたりして，むずかしい問題もありました。しかし，そういうところでも，仮説実験授業研究会は，思想・信条を越えて「子ども中心主義」に徹していけるんだということは，はっきりしています。そして，「子ども中心主義に徹する」ということを非常に明快に示してくれたのが犬塚さんです。私は，「授業はたのしいだけでいい」と言い切るようになりましたが，それを先駆的な形で出してくれたのは犬塚さんです。犬塚さんは確固たる口調ではいいません。「たのしければいいよねぇ」と弱々しくいっただけかもしれませんが，そういうものが研究会の前提になっています。

　研究会には授業書を作る人，授業書にケチをつける人，授業の運営法に非常に細かく配慮してくれる人，そういうことにはおよそこだわらない人，両極端な人たちがいます。しかし，私

が仮説実験授業研究会の組織で誇れると思うのは，そういう人たちが，それなりにみんな生き生きしているということです。

●もっとも「仮説実験授業の精神」を学んだ人

もともと私は，自分を甘やかせない人間だったと思いますが，大学院生の頃から「自分を甘やかして生きる」ということが私の信条となりました。自分の気持ちに対して無理をしない。他の研究会と我が研究会がぜんぜん違うのは，〈無理をするという人が中心になっていない〉ということだと思います。

世間には，無理をしたい人がたくさんいるんです。無理をしないとさぼるから，無理をしてなんとか勉強をする。私の大学院での後輩にも，非常な努力家がいました。文学者の中にも，1カ月に1000ページ以上読むとかということをやって，自分を鞭打ちながら教養を積んでいる人がいます。そういう人は，私より年配の人に多いのですが，私の同年配の人にもいるはずです。みなさんと，同年配の人でもけっこういると思うんです。

仮説実験授業研究会の人たちは，そういう無理をしない。自分を鞭打ちつつ努力した人は，自分を鞭打たないと，自分がダメになると思っています。そういう恐怖感がある。ところが，犬塚さんを見てください。相当ダメな人ですが，素晴らしいでしょ。ダメさを素晴らしさに転化しているといってもいい。私はそう思う。犬塚さんほど，仮説実験授業の精神は汲んでいるけれども，技術はほとんど汲んでないという人は（笑），いないかもしれない。それでも，精神はちゃんと伝わっている。それでもいいんですね。これは犬塚さんの功績だと，私は思っています。

犬塚さんはズバ抜けて優秀でもありますが，ズバ抜けて普通でもあります（笑）。だからいいのです。「あの人は，ズバ抜けていてマネできないよ」という人ではダメなのです。犬塚さんが学者的な仕事をしていて優秀すぎていたら，普通の人は生き方をマネられません。しかし，その点で犬塚さんは，理想的に普通であり，しかもすごくバイタリティーのある人です。初めて道を開く人は，どんなことでもバイタリティーがなくては，なかなか道は開けません。2番手や3番手になると，少ない力で済むはずです。犬塚さんが退職したら，そんな新しい道を開いてくださることを期待しています。

板倉聖宣さん　　　　　著者

あとがき

　「仮説実験授業とかかわってきて一番よかったのはどんなことか」と聞かれたら，ボクは迷わず，「〈子どもはすばらしい〉ということを発見しつづけることができたこと」と答えます。

　そのことは，本文を読んできてくださった方には納得していただけると思います。

　卒業して3年生が去っていった理科準には，1日の空白もなく2年生が来ています。この春に高校3年生になる『今日の平中』の榊原君（190ペ参照）も，「今日は部活（ラグビー）がなかったから」と，ふらっと訪ねて来ました。

　雑談のついでに，「おまえから見て犬塚先生ってどんな人か，1行で書いてよ」とたのんでみました。「う〜ん，難しい」と言いながら彼が書いてくれた1行は，「生徒の笑顔をつくりつづけてくれる人であり，ボクの理想の大人」。

　ちょっぴり照れくさいけれど，ともかくうれしいです。生徒にほめられて単純によろこぶところが「理想の大人」なのかもしれません。

　それはともかく，仮説実験授業を通して，本当にたくさんの〈すばらしい人〉に出会えました。それは〈子どもたち〉に限ったことではありません。

　宿毛市（高知県）に「キリン館」という小さな本屋さんがあります。小さいけれども，『たのしい授業』をはじめとして仮説実験授業関係の本を日本で一番たくさん売っているということでは「大きな本屋さん」です。その主人の岡田哲郎さんとは

20年来のつきあいになります。

　岡田さんは大学を卒業してすぐ中学校の理科の先生になりました。でも，それは2年とちょっとのことでした。事故による〈脊髄損傷〉で，命は取りとめたものの「1m離れたものを動かすのもたいへん」な重度の障害者。それでも大好きな仮説実験授業にかかわっていたくて本屋さんになり，もう20年以上になります。

　「とっくにあきらめているはずなのに，今でもときどき先生として仮説実験授業をやっている夢を見ることがあります」と，岡田さんは言います。ボクは授業ができます。岡田さんはときどき，「ぼくが果たせなかった夢を犬塚さんに見ている」と言ってくれます。だからボクは，二人分の夢を追っているような気がしています。ときにはボクも学校の体制に呑み込まれて弱気になってしまうこともあるのですが，そんなときには，「仮説実験授業ができるオレが，こんなことで弱音をはいてどうする。岡田さんに申し訳ないじゃないか」と思って元気を取り戻したりするのです。

　もちろん，ボクに元気をくれる人は岡田さんだけでなく，たくさんいます。西尾仮説サークルや，仮説実験授業研究会の人たち，ボクの行動を笑顔で支えてくれている職場の若い先生たち，それに堀江晴美さんや仮説社の竹内三郎さんにはこの本の原稿の選択から構成までやってもらったし……と考えると，お礼を言いたい人の顔が次々とうかんできます。一番にお礼を言いたい板倉聖宣先生にも，かしこまっては口がきけなくなるボクです。とてもきちんとお礼を言いきれません。だから，まとめて，「みなさんありがとう！」で許してください。いくつになっても相変わらず危なっかしくてわがままなボクなのです。

ごめんなさい。でも，その危なっかしくてわがままなところも，「仮説実験の思想」の現れだろうなんて思ったりもしているのです。

　最後に，ボクがとても心にとめている板倉先生の言葉を引用させてもらって，ひとまずお別れすることにします。

> 「自分のまわりのみんなが党派性・階級性をむき出しにしているとき，それと違う考えをもって生きるのはなかなか勇気のいることです。しかし，そんなつき合いだけで生きていると，またとんでもなく間違った生き方をする心配があります。〈他人に忠実に生きるよりも自分自身に誠実に，また，私を信用してくれる人々に誠実に生きたい〉――私は，孤立を心配しながらも，そうやって生きてきたのです」
> 　　（1990.3月の「板倉式発想法講座」資料，『月刊選択肢1』キリン館，1991）

　　卒業のお祝い，黄色のフリージアが輝く理科準備室にて
　　　　　　　　　　2003年3月7日　　犬塚清和

〔最後の追記〕

　この本が多少なりとも面白かった，役立ちそうだと思ってもらえたら，とてもうれしいです。そういう方には，ボクの大好きな本，板倉聖宣『科学と仮説』（季節社）『教育が生まれ変わるために』『仮説実験授業の研究論と組織論』（共に仮説社）などを読むことをおすすめします。そして，ぜひ，仮説実験授業を（授業書を使って）やってみてください。そんなあなたに，仮説実験授業研究会でお目にかかれる日がくることを楽しみにしています。ガリ本図書館にも遊びに来てください。

犬塚清和年譜

		年齢（9月21日より前は１歳マイナス）		
1942	昭17.			9.21. 愛知県西尾市（当時三和村）に誕生。父清治，母君代。３歳上に姉。
43	18	(1)		
44	19	(2)		
45	20	(3)		8.15.敗戦（1941～，アジア太平洋戦争）
46	21	(4)		
47	22	(5)		「生活単元学習」指導要領試案
48	23	(6)		
49	24	(7)	小学生	4.（三和村立）三和小学校入学。　11.28.湯川秀樹ノーベル賞
1950	25	(8)		２年生　「普通のかわいい子」　6.25.朝鮮戦争はじまる。～53.7
51	26	(9)		３年生　「生活単元学習による学力低下」問題から
52	27	(10)		４年生　4.28.講和条約発効　民間教育運動が活発化してゆく。
53	28	(11)		５年生 12.15.町村合併，西尾市に。　かわいがってくれた祖母ひで没。
54	29	(12)		６年生　（当時，人口３万人くらい。現在は約10万人）
55	30	(13)	中学生	小卒，4.（西尾市立）三和中学校入学
56	31	(14)		２年生　「イヤなことはしない」「要領がいい」「団体行動が苦手」
57	32	(15)		３年生　10.4.最初の人工衛星スプートニク
58	33	(16)	高校生	中卒，4.（愛知県立）西尾高校入学　「系統学習」指導要領
59	34	(17)		２年生　成績は底辺だったが，地理と幾何だけは自信があった。
1960	35	(18)		３年生　「60年安保闘争」なんて知らなかった。
61	36	(19)	大学生	高卒，4.愛知学芸大学（中学理科・生物教室）入学。空手部すぐにやめて
62	37	(20)		２年生　バドミントン部に。クラブと家庭教師とパチンコの４年間。
63	38	(21)		３年生　8.板倉聖宣「**仮説実験授業**」提唱
64	39	(22)		４年生（愛知教育大学に名称変更）　中学校で講師，129ペ参照。
65	40	(23)	福地中学校	大卒，4.教員採用，福地中１年担任。名古屋科教協，11.板倉講演を聞く。
66	41	(24)		1.四條畷学園小の仮説実験授業《浮力》に感激。２年担任。
67	42	(25)		３年担。夏，仮説実験授業研究会，第１回有馬大会（毎年参加）
68	43	(26)		１年担。校長がかわる。
69	44	(27)		３年担。　新校長にはげしく悩まされはじめる。
1970	45	(28)		１年担。「子どもを守れない。勉強したい」と悩む。11.29.結婚。
71	46	(39)	名大研究生	3.**依願退職**。4.名大研究生。喫茶店通い。7.西尾仮説サークル
72	47	(30)	西尾中学校	4.再就職，西尾中学校２年担任。**『教師６年プラス１年』**刊
73	48	(31)		３年担。**はじめてのガリ本『仮説』**作る。「ガリ本文化」始まる
74	49	(32)		１年担。5.9.長女誕生「理佳」。各地にガリ本続々登場。
75	50	(33)		２年担。　7.仮実研大会（蒲郡）誘致。
76	51	(34)		３年担。靴下統一事件，32ペ参照。もっともツッパッていた時代，
77	52	(35)		１年担。　いろいろ事件あり。
78	53	(36)		１年担。「テスト成績順発表拒否」32ペ参照。
79	54	(37)	花ノ木小学校	希望せぬ異動。花ノ木小３年担任。悩んで《磁石》授業49ペ参照
1980	55	(38)		３年担。父清治没。　板倉『科学と教育のために』季節社，編集
81	56	(39)		４年担。8.西尾サークル解体，再編。教育長室によばれ叱られる。
82	57	(40)		４年担。　仮説実験授業**研究会の事務局**を自宅に。ニュース月刊化
83	58	(41)		４年担。3.『たのしい授業』刊　7.季刊**『科学入門教育』**編発行。～86
84	59	(42)		５年担。山田正男君と『魯鈍斉』他のガリ本を続々発行。
85	60	(43)		６年担。若者を応援して，各地のサークルにひんぱんに出かけるように。
86	61	(44)		４年担。8.西川『授業の値打ちは子どもがきめる』編，仮説社
87	62	(45)		５年担。1.自宅に「**ガリ本図書館**」建設。3.西川さんの授業に学ぶ会発足
88	63	(46)	西尾小	異動。西尾小学校３年担任。月刊**『選択肢』**編集発行開始。～93
89	64/1	(47)		４年担。西川，S.ベアトリス，板倉氏らの本編集。8.仮説セミナー開始。
1990	平２	(48)		３年担。板倉，竹田・出口氏らの本５冊作る。　12.犬塚『いつも笑顔で元気です』キリン館
91	3	(49)	鶴城中	異動。鶴城中１年担任。長坂正博氏の本。**板倉賞受賞**
92	4	(50)		担任なし，理科専科。授業書別『授業ノート』編集開始。
93	5	(51)		担任なし理専。季刊**『ラディカル』**編集発行。～96
94	6	(52)	平坂中学校	1.仮実研冬大会。4.異動，平中１年担。通信『なんでもないようなことが』
95	7	(53)		２年担。　板倉聖宣氏，国立教育研究所定年退職，板倉研究室設立
96	8	(54)		３年担。全国歩き。　『板倉聖宣・その人と仕事』共編，キリン館
97	9	(55)		担任なし理専。7.『なんでもないようなことが』キリン舘　7.仮実研大会（三谷温泉）誘致
98	10	(56)		以後，担任なしの理専。「理科準」157ペ～参照。
99	11	(57)		理専。「理科準」と本づくりと全国サークル研究会めぐりの日々。
2000	平12	(58)		理専。3.斉藤裕子『I君日記』他編，キリン館。市教組の委員長に立候補
01	13	(59)		理専。6.29. 母・君代没（83歳）。8.大崎博澄，斉藤氏らの本編集。
02	14	(60)		理専。　12.「教育原理を考える会」で講演。214ペ参照。
03	15	(61)	講師	3.定年。4.再任用，寺津中へ。　8.仮説実験授業40周年記念研究会，豊橋で
04	16	(62)		

仮説実験授業研究会

〔著者紹介〕くわしくは，左の年譜を参照してください。

犬塚清和 いぬづか きよかず

1942年，愛知県西尾市に生まれ育つ。同市で中学校・小学校の教員をしながら，1967年から仮説実験授業研究会会員。1973年にガリ版印刷の冊子『仮説』を発行。以後，「ガリ本（自主研究・自主発行・自主販売）文化」が仮実研の大きな特色ともなった。1982年，同研究会の事務局をかってでて，「ニュース」その他の組織を強化。「仮説実験授業を愛する若い教師の味方」を自認して全国をとびまわる。1987年には自宅の一画に「ガリ本図書館」を建設。大量の出版を含めて，新しい活動の発信基地となる。教師としてはいつも子どもたちに圧倒的な支持を受けて，それをバネに「学校の常識」に挑みつづけている。

著書『教師6年プラス1年』仮説社，1972／『いつも笑顔で元気です』キリン館，1990／『なんでもないようなことが』キリン館，1997／『花咲くことは疑わず』ガリ本図書館，2001／『凛としてしなやか（上下）』ガリ本図書館，上2001，下2002／『教室の恋人たち（上下）』ガリ本図書館，2002／編集した本・雑誌は多数。

◎ガリ本図書館　445-0025　西尾市和気町北裏26

輝いて！ 笑顔のひろがる授業・教室

© 2003 犬塚清和 Inuzuka/Kiyokazu.

初　版　2003年4月20日（3000部発行）

発行　株式会社 **仮説社**

169-0075　東京都新宿区高田馬場2-13-7
Tel. 03-3204-1779　Fax. 03-3204-1781
E-mail：mail@kasetu.co.jp　URL：http://www.kasetu.co.jp/

本文印刷・製本　(株)第一資料印刷／カバー印刷　(有)ダイキ
用紙　中庄(株)
カバー：上質KY76.5　表紙：OKミューズコットン（あじさい）四六Y,163　見返：タントN-51, 70　本文：アスワン四六Y, 48

ISBN4-7735-0169-3 C0037　　printed in Japan
定価はカバーに表示してあります。
ページの乱れた本はおとりかえいたします。

教師6年プラス1年
犬塚清和　子ども達から学ぶ若い教師の新しい出発。予価2000円

仮説実験授業
板倉聖宣　「たのしい授業」を確立した科学教育の名著。2500円

仮説実験授業のABC
板倉聖宣　初心者にもベテランにも便利なハンドブック。1800円

仮説実験授業の研究論と組織論
板倉聖宣　個人が自由に楽しく生きるために役立つ組織。2600円

仮説実験授業の考え方
板倉聖宣　元気に教師を続けていくための刺激的論文集。2000円

教育が生まれ変わるために
板倉聖宣　いじめ・学級崩壊…視点を変えて明るく解決。2000円

たのしい授業の思想
板倉聖宣　どんな分野でどこまで可能になっているのか。2000円

授業のねうちは子どもがきめる
西川浩司　授業は子どもが主役。そのための教師の仕事。1600円

授業を楽しむ子どもたち
小原茂巳　授業が変わるとドラマより楽しいことに。予価1800円

たのしい教師入門
小原茂巳　気楽に授業を楽しみ子どもたちともイイ関係。1800円

メグちゃんは授業する女の子
伊藤　恵　すぐにマネしたい！笑いながら高級なお勉強。1800円

ちいさな原子論者たち
伊藤　恵　低学年でも原子論の授業？！感動満載の記録。1600円

これがフツーの授業かな
山路敏英　生活指導×。暗く軟弱。だから人間的な授業。1900円

――――仮説社――――

価格はすべて税別です。